# 加强纪律性
# 革命无不胜

党纪学习教育中的人与事

曲青山 ◎ 主编

中共党史出版社

图书在版编目（CIP）数据

加强纪律性 革命无不胜 : 党纪学习教育中的人与
事 / 曲青山主编 .—北京：中共党史出版社，2024.4（2024.5 重印）
ISBN 978-7-5098-6541-5

Ⅰ . ①加… Ⅱ . ①曲… Ⅲ . ①中国共产党—党的纪律
—学习参考资料 Ⅳ . ① D262.6

中国国家版本馆 CIP 数据核字（2024）第 077631 号

书　　名：加强纪律性 革命无不胜——党纪学习教育中的人与事
作　　者：曲青山

出版发行：**中共党史出版社**
责任编辑：王鸽子
责任校对：申宁
责任印制：段文超
社　　址：北京市海淀区芙蓉里南街 6 号院 1 号楼　邮编：100080
网　　址：www.dscbs.com
经　　销：新华书店
印　　刷：北京中科印刷有限公司
开　　本：710mm×1000mm　1/16
字　　数：150 千字
印　　张：13.5
版　　次：2024 年 4 月第 1 版
印　　次：2024 年 5 月第 2 次印刷
书　　号：ISBN 978-7-5098-6541-5
定　　价：38.00 元

此书如有印装质量问题，请联系中共党史出版社读者服务部 电话：010-83072535

# 序言

习近平总书记指出："我们党是靠革命理想和铁的纪律组织起来的马克思主义政党，纪律严明是党的光荣传统和独特优势。"我们党能够从石库门、从南湖走到了天安门，从最初的 50 多名党员发展到今天的 9800 多万名党员，作始也简、其毕也钜，愈行愈远、渐行渐大，不断从胜利走向胜利，靠的就是科学理论的指导，靠的就是正确的路线方针政策，靠的就是全党统一思想、统一意志、统一行动，步调一致的严明纪律和规矩。

铁的纪律是马克思主义政党的基本特征，是党的生命线。回顾党的历史，从革命战争年代制定"三大纪律八项注意"，到"进京赶考"前提出"两个务必"、定下"六条规矩"，从改革开放新时期提出执政党的党风问题是关系党的生死存亡的问题，强调治国必先治党、治党务必从严，到新时代把纪律建设纳入党的建设总体布局，把纪律特别是政治纪律和政治规矩挺在前面，着力解决人民群众反映最强烈、对党的执政基础威胁最大的突出问题，全面从严治党取得历史性、开创性成就，反腐败斗争取得压倒性胜利并全面巩固。一百多年来，我们党正是在不断加强纪律建设中纯洁组织、发展壮大的，严明的纪律为我们党团结带领全国各族人民创造革命、建设、改革、复兴的伟大成就提供了坚强保障。我们党靠着严明的纪律和规矩一路胜利走来，也将靠着严明的纪律和规矩不断走向坚持和发展中国特色社会主义的新胜利。

党的十八大以来，为充分发挥党史以史鉴今、资政育人的作用，我们坚持讲好党的故事、革命的故事、英雄的故事，讲好追求真理的故事、践行初心使命的故事、守纪律讲规矩的故事，与有关媒体和杂志合作推出系列专栏，组织力量撰写出版通俗读物，努力用短小精悍、富有哲理、震撼人心的党史故事教育人、启迪人、感化人、鼓舞人，教育引导广大党员干部做到学史明理、学史增信、学史崇德、学史力行，产生了良好反响，取得了积极成效。

习近平总书记强调，全面从严治党永远在路上，党的自我革命永远在路上。历史和实践告诉我们，党面临的形势越复杂，肩负的任务越艰巨，就越要加强纪律建设，越要维护党的团结统一。希望本书的出版，能为开展党纪学习教育、推动党史学习教育常态化长效化作出些许贡献。伟大、光荣、正确的中国共产党，历经千锤百炼而朝气蓬勃，历经百年沧桑更充满活力，必将带领全国各族人民全面建成社会主义现代化强国，以中国式现代化全面推进中华民族伟大复兴。

# 目录 CONTENES

# 毛泽东："共产党的模范作用"

毛泽东在提出"共产党的模范作用"问题时，曾明确指出："共产党员无论何时何地都不应以个人利益放在第一位，而应以个人利益服从于民族的和人民群众的利益。"对这个问题，毛泽东与他的战友们有着高度的共识。周恩来也曾明确强调过"领导者自己要起模范作用"。在毛泽东等同志的亲自示范和引领下，一代代中国共产党人成为民族的先锋、人民的模范。

以抗日战争时期为例。全民族抗战爆发后，在民族危亡的紧要关头，中国共产党的全体党员特别是领导干部，能不能在领导中华民族反抗外敌侵略、争取民族独立和人民解放的斗争中发挥表率作用、模范带头作用，对于我们党能不能完成伟大的历史使命至关重要。而恰恰在全民族危机、国家危亡的关键时刻，蒋介石集团却采取对外妥协、退让的总方针和总政策，致使日军长驱直入；专注于"攘外必先安内"，做令亲者痛、仇者快的事；军事上节节溃退，"部分的军人发生颓丧失望的心理"；民众动员方面"包而不办"，"前线得不到民众的响应，后方得不到民众的援助，民众武装不能组织"；等等。周恩来指出，失掉民众，这是"万劫不复"的。

在中华民族历史的重大转折关头，中国共产党团结带领全体中国人民坚持持久抗战，成为中流砥柱，而每一个共产党员特别是党的领导干部的表率作用、模范带头作用和示范作用又尤为突出。毛泽东在《论持久战》中清楚地告诉人们，中国共产党领导的军队实行"官兵一致、军民一致"。他特别强调，如果没有"官兵一致"和"军民一致"这两个原则，那么军队"不适宜于执行彻底战胜日寇的任务"。这两个原则，就包含了毛泽东给中国共产党干部的定位：在中国共产党领导的队伍中，"官"与"兵"是融为一体的；党的干部与群众之间，党领导的军队与老百姓之间，是密不可分的。这个党领导的队伍中的干部，就是队伍中的普通一兵，但始终要发挥先锋模范和示范作用。毛泽东还在另一篇名为《中国共产党在民族战争中的地位》的报告中，专门拿出一节来阐述"共产党员在民族战争中的模范作用"，明确提出："共产党员不能不自觉地担负起团结全国人民克服各种不良现象的重大的责任。在这里，共产党员的先锋作用和模范作用是十分重要的。"毛泽东还概括了要在以下几个方面"高度地发挥其先锋的模范的作用"：英勇作战的模范、执行命令的模范、遵守纪律的模范、政治工作的模范和内部团结统一的模范等。另外，在言必信、行必果、不傲慢、协同工作、实事求是、远见卓识等方面，都要成为模范。毛泽东特别概括了共产党员的先锋作用和模范作用的一些具体表现："在政府工作中，应该是十分廉洁、不用私人、多做工作、少取报酬的模范。""自私自利，消极怠工，贪污腐化，风头主义等等，是最可鄙的；而大公无私，积极努力，克己奉公，埋头苦干的精神，才是可尊敬的。"

在要求共产党员和党的干部以先锋模范作用来履行党和人民交给的历史重任和检查工作方面，毛泽东历来特别强调，"要从我们中央开始，带头下去检查"，"这样才能带动大行政区一级，省市一级，专区一级和县一级，我们才有资格责备下面，才能真正解决问题”。在这些问题上，毛泽东和战友们有着高度的共识。周恩来也多次提出，共产党员和党的干部"应当以身作则"，"在战斗中成为绝对的模范作用"。他要求："必须在思想上政治上行动上能够做全体官兵的模范，忠实于革命主义，以百折不挠的意志，艰苦耐劳的作风，去影响全体官兵；以谦逊和睦的态度，耐心说服的精神，去团结全体官兵。"周恩来还特别提出："一切高傲的出风头的空谈的恶习，以至贪污腐化的生活，必须克服与排除。"他在《怎样做一个好的领导者》中，专门提出"领导群众和结交朋友，领导者自己要起模范作用"的要求，提倡党员和党的领导干部要成为生活、工作与学习的模范。

我们党一路走来，无论是日常工作生活中还是历史关键时期或紧要关头，党员干部特别是领导干部都始终站在引领人民前进的行列里，在推动中华民族伟大复兴的征程中始终起着模范带头作用。

杨明伟

# 毛泽东：加强党的纪律关键在高级干部

　　党的纪律是执行党的路线、增强党的团结与统一的重要保证。毛泽东历来注重抓党的纪律，提出路线是"王道"，纪律是"霸道"，这两者都不可少。他认为，加强党的纪律关键在高级干部。

　　毛泽东在井冈山革命斗争时期就为工农红军规定了"三大纪律""六项注意"，后来发展为"三大纪律""八项注意"。在执行党和军队纪律方面，毛泽东不允许高级干部有任何特殊。1937年10月，红军干部黄克功因逼婚未遂枪杀陕北公学一个女学生。经陕甘宁边区高等法院审判，黄克功被处以死刑。黄克功给党中央、中央军委写信，要求从轻处理，戴罪立功。有人也提出国难当头，人才难得，可让他戴罪杀敌。毛泽东态度明确，支持法院判决。他在给边区法院院长雷经天的信中说："正因为黄克功不同于一个普通人，正因为他是一个多年的共产党员，是一个多年的红军，所以不能不这样办。共产党与红军，对于自己的党员与红军成员不能不执行比较一般平民更加严格的纪律。"黄克功依法被执行枪决，从此，"党内任何人在纪律面前没有特殊"的观念深入人心。

　　由于我们党和军队在过去长期处于被敌人分割的、游击战争的农村环境之下，曾经允许各地党和军事的领导机关保持很大的自主权，以发挥其积极性，但同时也产生了一些无组织无纪律状态。毛泽东多次告诫高级干部要克服自由主义倾向，严格遵守党的组织纪律。长征中，张国焘不听从中央北上的命令，坚持南下，公然另立中央，到陕北后受到严肃批评处理。1938 年 10 月，毛泽东在六届六中全会上指出："鉴于张国焘严重地破坏纪律的行为，必须重申党的纪律：（一）个人服从组织；（二）少数服从多数；（三）下级服从上级；（四）全党服从中央。谁破坏了这些纪律，谁就破坏了党的统一。"

全国解放战争时期，随着形势的发展，毛泽东发现许多地方存在着无组织无纪律状态，严重地影响了党的工作的开展。毛泽东把健全请示报告制度作为加强高级干部纪律性的重要手段。他为中共中央起草党内指示，要求"各中央局和分局，由书记负责（自己动手，不要秘书代劳），每两个月，向中央和中央主席作一次综合报告"。当发现有些地方执行不到位时，他提出严厉批评："必须坚决地克服许多地方存在着的某些无纪律状态或无政府状态，即擅自修改中央的或上级党委的政策和策略，执行他们自以为是的违背统一意志和统一纪律的极端有害的政策和策略；在工作繁忙的借口之下，采取事前不请示事后不报告的错误态度，将自己管理的地方，看成好像一个独立国。这种状态，给予革命利益的损害，极为巨大。"后来，毛泽东又多次重申严格执行请示报告制度。

新中国成立后，毛泽东仍然没有放松对高级干部的纪律要求。"三反"运动中，毛泽东没有因刘青山、张子善地位高、功劳大、影响广而同意宽大他们，两大贪污犯被依法处决。当年在毛泽东直接领导下处理此案的薄一波后来说："我觉得'三反'斗争经验中最可贵的一条，就是以毛主席为首的党中央对清除党的肌体上发生的腐败现象，表现了高度的自觉性和巨大的决心与魄力，真正做到了从高级干部抓起，敢于碰硬，从严治党。"

1954 年 8 月，毛泽东了解到少数军队高级干部存在腐化堕落、无视党纪国法的情况，经他批准，中央军委发出《关于制止某些高级干部腐化堕落违法乱纪行为的指示》，点名批评了一些高中级干部，指出：对那些明知故犯屡教不改的人，不论其职位多高，必须给以纪律制裁，对那些包庇犯有重大错误的干部的组织和个人，也要进行必要的查究。这一指示后来得到有效落实，在全军引起了极大的震动，对全军官兵特别是高中级干部起到教育警示作用。

毛泽东在接见高级干部时，曾多次亲自指挥唱"三大纪律八项注意歌"，其加强高级干部纪律性的用意十分明显。在他的推动下，纪律严明成为我们党的优良传统和政治优势。能否在新的历史条件下继承和发扬这一优良传统，是关系中国特色社会主义建设成败的重要问题。

王　颖

# 毛泽东下令推迟淮海大决战

1948 年 9 月 24 日，当时济南战役取得胜利，正处于收尾阶段，华东野战军（简称"华野"）代司令员兼代政治委员粟裕致电中央军委，提议发起淮海战役。第二天，在批准该建议的复电中，毛泽东要求华野所部"开一次像上月曲阜会议那样的干部会，统一作战意志，调整内部关系"。

电报所说的"上月曲阜会议"是指 8 月 25 日至 29 日华野前委在山东曲阜召开的纵队以上干部参加的作战会议。那次会议不仅制定了济南战役的作战计划，还开展了深入的批评与自我批评，解决了不少历史遗留问题，统一了华野内部的思想认识，对于济南战役取得胜利起到关键作用。淮海战役发起前夜，毛泽东决定推动华野再开一次像上月曲阜会议那样成功的会议。这便是淮海战役前第二次曲阜会议的由来。

9 月 27 日，中央发出指示，要求"华野前委，山东兵团前委，苏北兵团前委均应利用目前两星期时间，根据中央历次指示，检讨自己及所属的某些无纪律无政府状态问题，并将结果电告"，同时要求华野前委复电解释为何此前"未按时间向军委做综合报告，亦未声明请准延缓或免做"。次日，毛泽东去电特意作出时间安排：

"为使你们的会议开得好一些，时间可以有七天到十天，而将执行淮海战役的时间推迟到十月十五日以后。"

10月5日至24日，华野前委在曲阜召开由师以上干部参加的扩大会议，按照中央和军委有关指示精神，认真开展纪律检讨，进一步增进内部团结。纪律检讨一结束，会议即转入到制定淮海战役作战方案的阶段。

就连当时身在河南工作的陈毅（当时兼任华东野战军司令员及政委），也在9月30日致电会议，要求"这次曲阜会议，应就夏季各纵查整及濮阳查整的结论作两个月来战斗与工作的实际检讨，归结到中央指示关于无政府状态、无纪律状态的根本纠正，保证今后能建立深刻的整体观念，予军阀主义、本位主义、自由主义、官僚主义以致命的打击，保证能更顺利的执行新的战略机动和争取大革命胜利"。陈毅还介绍了刘邓、陈谢部队开展查整的经验，"其主要收获是揭发了我军部队中一部分老干部的军阀主义倾向，骄傲自大，破坏政策和纪律"，"这个揭发，对干部的教育意义最大"，认为"这与华野的情形是基本上相同的，故重提一遍作各纵参考"。他要求在会上就"分兵前后的各种带争执的问题，应作出总结"，"各纵委与前委各同志均应有简略发言，作自我批评，以便造成更好的团结"，同时"各纵负责干部与纵、师各党委的检讨是十分必要的"，"头子的自我批评作用最大"。

10月6日，即华野开会期间，中央再次电告饶漱石、粟裕：此次会议检讨关于无纪律无政府状态时，应作成一个决议，在会上通过。

在毛泽东和党中央的直接指导下，此次曲阜会议上，华野内部开展了认真的批评与自我批评，从根本上增进了内部的团结统一。10月20日，根据会议情况，华东野战军作出了《关于加强纪律性，克服党内无纪律无政府无组织状态的决议》。华东局方面在向中央的报告中谈道：此次曲阜会议，集中华野全军各纵、各师干部进行加强纪律性的检讨与教育，收效甚大，前委本身及前委与各纵、各师间的团结大大加强，部队中党内正确民主生活已开始建立起来。

随后淮海战役的辉煌战果及战役期间华野所属各部紧密无间的配合支援，充分反映出长期以来党对人民军队正确的领导和教育，同时也反映出 1948 年中央全面强化军队纪律以及前后两次曲阜会议的巨大成效。

吕　臻

# 毛泽东要求解决"五多"问题

　　1952年秋，中共中央西北局调查组在调查中发现，7月至10月，咸阳一区区干部因经常开会及配合各方面工作太多，导致中心工作没有按期完成。对此，区乡干部有怨言："自上而下一级逼一级，自下而上一级怨一级，一级哄一级"。

　　西北局结合其他方面情况认为，强迫命令与形式主义可能是一些地区和一些工作上的普遍现象了。1952年12月，西北局检查组向中央报告了区乡工作中的"五多"问题。1953年3月，毛泽东起草了《关于解决区乡工作中"五多"问题的指示》。认为西北局检查组的报告集中反映了党政组织在农村工作中任务多、会议集训多、公文报告表册多、组织多、积极分子兼职多的"五多"问题。

　　毛泽东认为"五多"问题长久以来没有得到解决反而愈加严重的重要原因，是没有在全国党政领导机关中开展反对分散主义和官僚主义的斗争。他要求必须在1953年内，在执行中央1953年1月关于反对官僚主义、反对命令主义、反对违法乱纪的指示中，着重克服领导机关中的官僚主义和分散主义。

　　毛泽东还强调，凡妨碍农民进行生产的工作任务都必须避免，不能对农民施以过多的干涉。

中央下达《关于解决区乡工作中"五多"问题的指示》后，全国各级党政领导机关陆续深入进行调查研究，实行若干改进办法，积极改进农村领导工作，清理农村"五多"现象，取得显著成效。农村清理"五多"现象后，出现了政简民勤的新气象。

刘学礼

# 毛泽东对身边人员"小整风"

　　毛泽东一生清廉，对贪污腐化深恶痛绝。因身边工作人员身份特殊，一旦出现问题影响更恶劣，毛泽东要求更加严厉，一发现不好的苗头就立刻采取措施予以纠正。他在处理黄克功事件时指出："共产党与红军，对于自己的党员与红军成员不能不执行比较一般平民更加严格的纪律。"他甚至对身边工作人员开展"小整风"，整顿思想作风，反对官僚主义。

　　1960 年 9 月底，毛泽东发觉身边有"老鼠"，有些工作人员思想作风不正。于是，他要求开展"小整风"，进行批评与自我批评，整顿作风。10 月初，"小整风"有了具体安排：加强学习，提高认识，重点学习毛泽东在党的七届二中全会上的报告、《党委会的工作方法》和"三大纪律八项注意"；采取座谈的方法，互相谈心，互相启发，开展批评与自我批评，不戴帽子，不打棍子。

　　对此安排，毛泽东表示赞成，并谈了具体意见。他认为，没有犯什么路线错误，只不过是生活作风、思想意识上的缺点，要认真进行批评和自我批评、检查。如果有人批评尖锐一些，也没有什么不好，就是不舒服几天、几十天，将来会感觉到有帮助。

　　经过整风，发现绝大多数人严格要求自己，但也发现个别人存在腐朽思想和作风：有人在随毛泽东外出视察时，向地方无偿索取物品。对此，毛泽东断然采取三项措施：一是绝不容忍和姑息贪污、渎职行为，将犯错误的同志调离中南海，另行分配工作；二是过去向各地要的东西，照价退赔并道歉，钱从他稿费内开支，以挽回造成的不良影响；三是要求大家以实际行动改正错误，制定工作人员守则，严格纪律。

为了巩固整风成果，毛泽东在他生日前一天请身边工作人员吃饭，借机做思想工作。他生动地讲了战国时期苏秦故意慢待张仪，促使张仪奋发有为的故事："你们看苏秦对张仪是好意还是恶意？我们之间进行批评都是好意。你们整风，批评一下，又有什么关系呢？又不给你戴路线错误的帽子，就是生活上的一些问题嘛，总的说来是小事。"

作为党和国家最高领导人，毛泽东日理万机，但他仍然非常关心身边工作人员的思想状况，亲自做思想工作，坚决杜绝"灯下黑"。作为领导干部，应当对身边工作人员负责，履行好全面从严治党的主体责任，多加留神，防微杜渐。

文世芳

# 毛泽东要求制定"党政干部三大纪律、八项注意"

　　20世纪50年代末的"大跃进"和人民公社化运动，未能实现人们的预期，反而使国民经济和人民生活陷入困境。党中央经过调研发现，干部作风是加剧困难的重要原因。为此，1960年11月，中共中央颁发《关于彻底纠正"五风"问题的指示》，要求各级干部"彻底纠正十分错误的共产风、浮夸风、命令风、干部特殊化风和对生产瞎指挥风"。

　　在12月召开的中央工作会议上，毛泽东要求胡乔木借鉴红军的历史经验，尽快起草一个在新形势下普遍适用的"党政干部三大纪律、八项注意"的文稿。实际上，在此之前，毛泽东就指出红军"三大纪律八项注意"中的"一切行动听指挥"和"不拿群众一针一线"两条现在"普遍适用"。

　　1961年1月8日，毛泽东批示将胡乔木所拟稿子印发参加中央工作会议的同志讨论。1月9日，他又亲自参与讨论，指出"三大纪律八项注意"是我们军队战无不胜的法宝。他语调沉重地说，可是现在我们的有些党员干部却自以为是，不听中央的统一指挥……这样下去后果不堪设想啊！现在我们要制定一个"三大纪律

"八项注意",让大家对照着改正自己的缺点和错误,坚决执行中央的政策,与群众一起把生产和生活搞好。他还指出,草案太复杂,不如红军"三大纪律八项注意"简单明了;要从正面谈问题。毛泽东的讲话和意见引起共鸣,大家纷纷表示支持制定"党政干部三大纪律、八项注意",并提出修改意见。当年5月至6月召开的中央工作会议上,根据各地上报意见,对"党政干部三大纪律、八项注意"草案进行了讨论修改,并正式写进"农业六十条"修正草案贯彻实行。

1962年9月27日,党的八届十中全会通过了"农业六十条"修正草案,又对"党政干部三大纪律、八项注意"进行修正。最终确定的三大纪律是:(1)认真执行党中央的政策和国家的法令,积极参加社会主义建设;(2)实行民主集中制;(3)如实反映情况。八项注意是:(1)关心群众生活;(2)参加集体劳动;(3)以平等态度待人;(4)工作要同群众商量,办事要公道;(5)同群众打成一片,不特殊化;(6)没有调查,没有发言权;(7)按照实际情况办事;(8)提高无产阶级的阶级觉悟,提高政治水平。

"党政干部三大纪律、八项注意"对当时的干部队伍建设发挥了重要作用,对当前全面从严治党也有重要的现实意义。

文世芳

# 毛泽东：官僚主义每年都要扫一次

在长期领导中国革命和建设进程中，如果说毛泽东最看重什么，那必定是深入群众。他称群众是真正的"铜墙铁壁"，并指出共产党基本的一条就是直接依靠广大革命人民群众。如果说毛泽东最痛恨什么，那必定是官僚主义。他把官僚主义称作"废物"，直言要把这个极坏的家伙抛到粪缸里去。

反对官僚主义，毛泽东的态度是一贯的、坚决的。中央苏区时期，我们党开始了局部执政的探索。那时候，毛泽东就强调必须严厉地开展反对官僚主义的斗争，"把那些遮塞在苏维埃与民众之间的废物抛开去，这些废物就是官僚主义与命令主义"。延安时期，随着我们党执政区域的不断发展壮大，毛泽东反对官僚主义的态度愈发坚决。他强调，我们共产党人不是要做官，而是要革命，人人要有彻底的革命精神，一刻也不能脱离群众。对于"沾染了官僚主义的灰尘"的人，"就得用一盆热水好好洗干净"；而愿意保存官僚主义灰尘的人，"就不是一个好党员"。

新中国成立后，毛泽东对官僚主义的危害更加警惕。1960年3月30日，毛泽东为中共中央起草的党内指示《反对官僚主义，克服"五多五少"》，就集中反映了他对官僚主义的批判和对密切联系群众的要求。这个指示，针对的主要是党的领导机关，涵盖各省委、市委、自治区党委，以及中央一级各部委、各党组，开门见山地指出："官僚主义这种旧社会遗留下来的坏作风，一年不用扫帚扫一次，就会春风吹又生了。"问题很明确，态度也极为鲜明，就是要坚决反对官僚主义。

起草这个指示，缘于山东省委1960年3月下旬报送的一份简报。简报反映的主要就是干部作风问题，如虚报浮夸、大建楼堂馆所、吃喝浪费、贪污腐败。也就是毛泽东所指出的，"是关于官僚主义严重存在的问题"。这些官僚主义的突出表现，可以概括为"五多五少"，即"会议多，联系群众少；文件、表报多，经验总结少；人们蹲在机关多，认真调查研究少；事务多，学习少；一般号召多，细致地组织工作少"。

在《反对官僚主义，克服"五多五少"》一文中，毛泽东要求，"一年要对这个'五多五少'问题谈两次，至少谈一次"。谈的目的，是解决官僚主义问题。解决的办法，毛泽东指出，"可以仿照历城办理"。历城的做法，归纳起来就是：领导干部走出办公室，走进田间地头，同人民群众同吃、同住、同劳动；在工作上"条条""块块""片片"相结合，既做好中心工作，又做好分管工作；精简会议，减少文件、表报，有事到下面就地解决。这种做法，在持续深入反对形式主义、官僚主义的今天依然有借鉴意义。

樊宪雷

# 毛泽东积极开展批评与自我批评

　　1955年，毛泽东曾以牛的两只角作比喻，鼓励广大党员干部积极开展批评与自我批评。他指出，怕得罪人，无非是怕丧失选举票，还怕工作上不好相处。你不投我的票，我就吃不了饭？没有那回事。其实，你讲出来了，把问题尖锐地摆在桌面上，倒是好相处了。不要把棱角磨掉。牛为什么要长两只角呢？牛之所以长两只角，是因为要斗争，一为防御，二为进攻。我常跟同志讲，你头上长"角"没有？你们各位同志可以摸一摸。我看有些同志是长了"角"的，有些同志长了"角"但不那样尖锐，还有些同志根本没有长"角"。我看，还是长两只"角"好，因为这是合乎马克思主义的。

　　对于如何开展批评，毛泽东认为，正确的批评，"结果是使党团结"，不正确的批评，如四中全会、五中全会（指党的六届四中全会、五中全会）的那种批评，结果是使党分裂。他强调，要发扬正确的批评，反对不正确的批评。

　　积极开展正确的批评。毛泽东认为，要严肃认真，对于错误和缺点，一定要进行认真的而不是敷衍的批评与自我批评，"对以前的错误一定要揭发，不讲情面，要以科学的态度来分析批判过去的坏东西，以便使后来的工作慎重些，做得好些"。对于如何进行批评，毛泽东强调，"批评应该是严正的、尖锐的，但又应该是诚恳的、坦白的、与人为善的"，"做起来必须得当，就是说，要好好地说理。如果说理说得好，说得恰当，那是会有效力的"；批评要做到"知无不言，言无不尽"，也要从团结的愿望出发，"有利于党的团结的话就说，不利于党的团结的话就不说，有利于党的团结的事就做，不利于党的团结的事就不做"。尤要注意的是，党内批评的主要任务，"是指出政治上的错误和组织上的错误"，"至于个人缺点，如果不是与政治的和组织的错误有联系，则不必多所指摘，使同志们无所措手足。而且这种批评一发展，党内精神完全集注到小的缺点方面，人人变成了谨小慎微的君子，就会忘记党的政治任务，这是很大的危险"。

关于如何对待批评，毛泽东指出，各种各样的意见，都要让它发表，要做到"知无不言，言无不尽；言者无罪，闻者足戒；有则改之，无则加勉"。对正确的批评，应当接受，"不管是什么人，谁向我们指出都行。只要你说得对，我们就改正。你说的办法对人民有好处，我们就照你的办"。对于不正确的批评，"即使其批评有不确当者，亦只可在其批评完毕，并经过慎重考虑之后，加以公平的与善意的解释"。

毛泽东还提到领导者接受批评时的态度问题，他指出，被批评的时候总会有些不舒服和难过，这是正常的。"对于下级所提出的不同意见，要能够耐心听完，并且加以考虑，不要一听到和自己不同的意见就生气，认为是不尊重自己。"共产党员必须倾听别人的意见，要跟别人的长处学习，"决不可自以为是，盛气凌人，以为自己是什么都好，别人是什么都不好；决不可把自己关在小房子里，自吹自擂，称王称霸"。而对于别人对自己的误解或有失偏颇的批评，甚至是根本不正确的批评或恶意的中伤，如针对抗战时期饶漱石在新四军中对陈毅的排挤打击，毛泽东在了解了事情原委后，劝慰陈毅，"凡事忍耐，多想自己缺点，增益其所不能；照顾大局，只要不妨大的原则，多多原谅人家。忍耐最难，但作一个政治家，必须练习忍耐"。学会忍耐，这也是毛泽东在土地革命战争时期面对党内错误的批评和打击时所采取的基本态度。在身处逆境的日子里，毛泽东花了很大的气力来读书，特别是读马克思主义的书籍，并开展调查研究，以马克思主义政治家的忍耐和远见卓识思考着中国革命的未来。最终，中国革命实践证明了毛泽东的主张正确，遵义会议坚持真理、修正错误，在事实上确立了毛泽东在党中央和红军的领导地位，开启了党独立自主解决中国革命实际问题的新阶段。

李东方

# 周恩来：过组织生活是党性问题

习近平总书记强调，共产党员这个称号，是一个组织称号，在组织里的人，就要过组织生活。不管职位多高，以普通党员身份参加组织生活是我们党的纪律要求，也是党的优良传统。周恩来高度重视党的组织生活，不管是在风雨如晦的革命岁月，还是新中国成立后的和平年代，都严格参加组织生活，是共产党人学习的楷模。

旅欧时期，周恩来自加入中国共产党就表示，"我认的主义一定是不变了，并且很坚决地要为他宣传奔走"，从此为共产主义事业奉献一生。红军长征时期，身边工作人员考虑到周恩来工作繁重，没有通知他参加党小组会。他严肃批评说："我是个党员，应当过组织生活。""在我们党内，每个人都是普通党员，谁都要过组织生活，这是个党性问题。"1943 年，周恩来在重庆整风学习时，把"过集体生活，注意调研，遵守纪律"作为修养要则之一，指出纪律的中心不在于处分，而在于自觉遵守，"在纪律面前任何人都一样无差别，是平等的"。在延安整风运动期间，周恩来严格进行自我批评，写下两万多字的笔记，对自己在斗争中的失误和不足，作出认真深刻的检查。

新中国成立后，周恩来的组织关系在西花厅党支部。他始终以普通党员身份参加组织生活，平易近人，没有任何架子，要求支部同志称呼他为恩来同志，不要称呼职务。他对支部组织委员说："以后在党支部里你就是我的领导，我拥护你们。"作为大国总理，他日理万机，常常为不能参加支部大会感到遗憾，但明确交代，只要自己在家，有支部活动一定要通知他，党支部改选等重要事情他一定要参与。他实在无法参加支部活动时，都按程序请假。有一次，党支部改选没有通知他，他严肃地说："我有事儿不能参加会是要请假的，可你们不通知我就是你们的失职，我这个党员不能搞特殊。"最后，支部让他补投了票，他才高兴。

周恩来一生，从选择信奉共产主义那一刻起，就再也未与党组织和集体脱离。即使在生命最后时刻，他关心的依然是如何严于律己，遵守组织的决定，叮嘱邓颖超丧仪要从简，一定不要搞特殊化。按照周恩来的遗愿，他的骨灰最终由西花厅党支部的工作人员撒在祖国的山河大地。

我们党之所以能从胜利不断走向胜利，正是因为有千千万万像周恩来一样严格遵守党章、遵守党的纪律的共产党人。今天，站在新时代新起点上，每一名共产党员都要学习周恩来，严格过好党的组织生活，不断锻造自己的党性，做一名合格的共产党员，为实现中华民族伟大复兴的中国梦作出自己的贡献。

张晓飞

# 周恩来是怎样在党内倡导巡视制度的

大革命失败后，在白色恐怖压迫之下，党在各省的组织几经破坏，干部牺牲不计其数。据统计，到1927年底，全国党员已由近6万人减少到1万多人。许多省的党组织完全与中央没有了联系。保存下来的一些党组织内部，涣散无组织的状态十分严重。一些地方的党组织日益脱离群众、隔绝社会，一些机关形成空架子，完全与群众生活相隔绝，工作效能弱。有时因党的上级机关一再遭到破坏，各地党组织唯一的办法，便是要求中央派人前往恢复。而中央派人至各省恢复组织，结果不但工作不能推动，新的关系不能发生，甚至旧的基础也日益缩小。工作不能很好地开展，而且容易被敌人发现，屡遭破坏。

党的六大以后，周恩来兼任中央组织部部长。面对许多党的组织生活陷于半停顿状态的状况，如何应对白色恐怖，如何贯彻党的方针，如何争取群众，如何解决党内派别斗争问题，周恩来认为，在白色恐怖下健全党的组织工作问题是当务之急。

当时的顺直省委包括中共中央北方局所领导的河北、山西、北平、天津、察哈尔、绥远、热河、河南北部和陕北等广大地区。在李大钊遇难后，北方局和顺直省委的工作长期纠纷不断，问题越积越多，党内的个人意气之争和派别成见越发展越严重，已到了工作难以开展的地步。一部分党员组织了第二省委，又成立了"护党请愿团"，许多党员灰心丧气，认为"顺直党的基础已经落伍了，腐烂了"，要求"由中央另派人来组织特委"。解决顺直省委问题甚至已经影响到党的工作全局，成为当时中央组织工作中有着举足轻重地位的棘手问题。中共中央政治局在向六届二中全会所作的《工作报告纲要》中回顾道："顺直问题是中央开始工作之第一个最严重的问题，这个问题发生于党在非常涣散的时候，这个问题不能很快的得着正确的解决，不独北方工作不能发展，并且全党涣散的精神都不能转变。"

在严酷的白色恐怖之下，如何整顿改造涣散的各级党组织，使其建立健全？如何检查各级党组织的工作，使其得到指导？为了解决顺直省委等基层组织的涣散问题，周恩来提出，"我们检查的方法，是自上而下的巡视"。他指出，"全要靠巡视这一工作密接起来"，巡视工作之加紧，"是全国党部的中心组织任务"。由于顺直的问题越来越严重，周恩来表示，"中央委员会有一人去一下才好"。1928年11月27日的政治局会议决定派周恩来去顺直巡视。12月中旬，周恩来到天津巡视。他听取了省委几个领导人的汇报，参加区委和支部的会议，接见各地党组织负责人，广泛听取他们的意见。他还到唐山，分别召集负责同志会、矿山同志会、铁路同志会，做了许多深入的工作，并准备召开顺直省委扩大会议，他还起草了大会的政治报告。

为了统一大家的思想，周恩来署名伍豪，在顺直省委出版的油印党刊《出路》第二期上，发表题为《改造顺直党的过程中的几个问题的回答》的文章。针对顺直党内存在的一些错误思想情绪，周恩来在这篇文章中，采取循循善诱的态度剖析极端民主化与民主集中制的区别、命令主义与说服群众的区别、惩办主义与铁的纪律的区别。

由于周恩来在深入调查研究、弄清实际情况的基础上，坚持从思想教育入手，开展切合实际而又充分说理的批评，引导党员以向前看的精神从积极工作的过程中求得纠纷的解决，顺直省委的"大多数接受中央恢复省委职权、扩大省委、改组常委的办法，并一致认为必须积极到群众中工作，从参加和领导群众斗争做起，才能建立起党的无产阶级基础，才能逐渐肃清小资产阶级意识，才是解决党内纠纷的正确出路"。党员群众的思想逐渐接近，并趋于统一了。

周恩来对顺直省委的巡视，初步解决了顺直省委不统一、内部派别斗争等问题。1929年1月，新的顺直省委成立。周恩来回到上海后在政治局会议上报告说："这次去后，大家接受了中央意见"，"这次仅是作了一个初步的教育"，"能否找到出路，要看他们按照决议去工作"。

对周恩来这次去顺直的巡视工作，党的六届二中全会作了这样的评价："在顺直党的历史上，已经酝酿着很复杂的纠纷，到了六次大会的前后更广大的爆发起来，使顺直党成为破碎零离的现象。中央经过极大的努力，派人巡视，召集几次顺直的会议，特别与这一错误的倾向奋斗，最后得到了顺直全党的拥护，才把顺直的党挽救过来"，"现在的顺直党，已经较以前为进步"，"党的生活向着发展工作的路线上前进"。

潘敬国  程鸿

# 周恩来的十条家规

1968年，周恩来的一个侄女赴内蒙古插队，由于表现好，经当地群众推荐，应征参军。周恩来得知后说："你参军虽然符合手续，但内蒙古那么多人，专挑上了你，还不是看在我们的面子上？我们不能搞特殊化，一点也不能搞。"周恩来还专门给相关同志提出："你们再不把孩子退回去，我就下命令了。"这个侄女最终脱下军装，返回内蒙古草原插队劳动。临行时，周恩来说，我自己没有孩子，但要教育侄子侄女走自己这一条路。

事实上，早在新中国成立之初，因不少故乡亲友要谋求一官半职，周恩来曾专门召集家庭会议，定下"十条家规"：一、晚辈不准丢下工作专程来看望他，只能在出差顺路时去看看；二、来者一律住国务院招待所；三、一律到食堂排队买饭菜，有工作的自己买饭菜票，没工作的由总理代付伙食费；四、看戏以家属身份买票入场，不得用招待券；五、不许请客送礼；六、不许动用公家的汽车；七、凡个人生活上能做的事，不要别人代办；八、生活要艰苦朴素；九、在任何场合都不要说出与总理的关系，不要炫耀自己；十、不谋私利，不搞特殊化。

周恩来是国家总理，管理着一个"大家"，他始终把自己当作

26

人民的勤务员，以身作则，从自己做起，从自己家里做起，决不让亲属之事影响"大家"。周恩来的十条家规，不仅是对亲属的严格要求，更是培养干部家风的极好教材。它像一面镜子，告诫我们如何掌好权、用好权，如何过好权力关、亲情关。

张东明

# 周恩来："要求别人做到的，自己首先要做到，不能有丝毫的特殊"

在周恩来侄儿周尔均的记忆里，有一首诗让他记了一辈子，这就是杜甫的《茅屋为秋风所破歌》，而跟这首诗一起记住的就是周恩来教导的不搞特殊化的家风。

在中南海，周恩来一直在西北边靠近马路的西花厅办公和居住。这是一座清朝修建的老院子，年代久远，房屋幽暗潮湿，门窗都有缝隙，特别是地面的方砖比较潮湿，办公室的地毯由于潮湿也生了虫子。周恩来因此经常犯关节炎。有关部门多次提出维修，但是周恩来始终没有同意。

1959年，秘书们趁着周恩来和邓颖超相继出差的机会，未经周恩来同意，本着节俭实用的原则对西花厅进行了一次维修。这次修缮，其实只是将腐朽的小梁进行了更换，将已经脱皮的墙面进行了粉刷，更换了窗帘、吊灯，铺了地板，又从钓鱼台国宾馆找到一张不用的床换下原来的旧木床。

维修后的西花厅"焕然一新"，但外出归来的周恩来一进门就怔住了，忙问这是怎么回事？听了身边工作人员的汇报，周恩来把主办的同志严厉地批评了一顿，勒令他们马上把旧家具换回来。随后，周恩来不但根本没有进屋，而且扭头离开西花厅，去了一个临时住处。周恩来此举就是为了告诉身边工作人员，你们不恢复原样，我就不回来住。

这个时候正好周尔均去看望周恩来，目睹了伯父生气的场面，便劝慰伯父说："您平时教育我们要爱护国家财产，西花厅这个房子实在是相当的破旧了，这是历史文物，这样一种维护，也是保护国家财产，从这个意义上也没有什么大错，伯伯您就不要再生气了。"

周恩来听后点了点头，但依然严肃地说："你说的话也有一定的道理。我并不是反对做简单的维修，问题是现在修得过了些。你要懂得，我是这个国家的总理，如果我带头这样做，下面就会跟着干，还有副总理，还有部长，再一级一级地这样上行下效，就不知道会造成什么样的严重后果。西花厅原来的样子我看就很好嘛！现在我们国家还穷嘛！还有很多群众没有房子住呢！"

停顿了一下，周恩来继续说："把我住的地方修得那么好，影响多不好。要求别人做到的，自己首先要做到，不能有丝毫的特殊。"

接着，周恩来问周尔均："你看过杜甫的那首诗吗，就是《茅屋为秋风所破歌》！"

周尔均点点头，并认真地背出了这首诗。

"……安得广厦千万间，大庇天下寒士俱欢颜！风雨不动安如山。呜呼！何时眼前突兀见此屋，吾庐独破受冻死亦足！"

听了周尔均完整地背下这首诗，周恩来满意地点点头，然后意味深长地说："你想一下杜甫这首诗，就会明白我为什么这样生气了。"

这件事还惊动了副总理陈毅，他专程去劝周恩来也不管用。直到秘书不得不把窗帘卸了，吊灯拆了，床也换回去了，周恩来才勉强同意住回西花厅。即便如此，周恩来在国务院的会议上还多次做了自我批评，并表示，只要我当一天总理，就不准在中南海大动土木。他还语重心长地对几位副总理和部长们说："你们千万不要重复我这个错误啊！"

这件事情已经过去几十年了，每次周尔均回忆起来都还仿佛是发生在昨天。此后，周尔均无论是担任国防大学政治部主任，还是当选全国人大代表，获得中国人民解放军功勋荣誉，从没忘记伯父说过的话。如今，90多岁的周尔均仍能完整地背诵《茅屋为秋风所破歌》，仍时时不忘用周恩来说过的这句话教导自己的孩子们：要求别人做到的，自己首先要做到，不能有丝毫的特殊。

唐　蕊

# 刘少奇提倡加强党内理论学习

  1941 年 7 月 13 日，中共中央华中局党校教育科科长、教员宋亮（即孙冶方），在学习斯大林的著作《论列宁主义基础》"方法"与"理论"两章时，就理论与实践的关系问题，写信给刘少奇请求解答。刘少奇非常重视，当天即复信。信中分析了中国共产党在学习方面轻视理论或轻视实践的错误，着重批评了轻视理论研究的倾向，阐明了革命理论对于实际斗争的指导意义。

  刘少奇认为，一个时期以来，党内反对专门理论研究的风气，阻止了党内理论水平的提高，必须纠正与反对。他强调革命理论对于实际斗争的指导意义，提倡党内的理论学习，从而更好地引导中国革命到完全的胜利。他指出，加强党的理论准备，包括对于马列主义的原理与方法及对于中国社会历史发展规律的统一把握。

  刘少奇一直坚持马克思列宁主义的普遍真理同中国的实际情况相结合，提倡加强党内理论学习。1939 年 7 月，他在延安马克思列宁学院演讲《论共产党员的修养》，批评了党员中只注重革命和斗争、不学习马克思列宁主义理论的想法。

  毛泽东 1938 年 10 月在《中国共产党在民族战争中的地位》中就曾提出，一切有相当研究能力的共产党员，都要研究马克思、恩格斯、列宁、斯大林的理论，都要研究我们民族的历史，都要研究当前运动的情况和趋势……如果没有革命理论，没有历史知识，没有对于实际运动的深刻的了解，要取得胜利是不可能的。

刘少奇对理论与实践关系的论述，强调加强党内理论学习的观点，践行了毛泽东对理论研究的要求，坚持了一名政治家注重理论修养的本色，同时，这些论述对当下"保持和发扬马克思主义政党与时俱进的理论品格，勇于推进实践基础上的理论创新"仍有非常重要的指导意义。

刘 颖

# 刘少奇眼中的"好党员"

1940 年 7 月 1 日，在艰苦卓绝的抗战中，中国共产党迎来了建党 19 周年。应《抗敌报》等的邀请，刘少奇撰写了《做一个好的党员　建设一个好的党》一文。刘少奇指出，建设一个好的党，需要大家争做一个好的党员，即要做到三条：第一，要尽心负责地为党工作，爱护党的每一个事物，如自己的事物一样；第二，为党的与劳苦大众的公共事业而牺牲，是最值得的；第三，要做一个终身的好党员。这三条标准，是革命战争年代对好党员的基本要求。

1951 年 3 月，建党 30 周年前夕，在党的第一次全国组织工作会议报告提纲中，刘少奇又提出了共产党员标准的八项条件：（一）中国共产党是中国工人阶级的党，是工人阶级的先进部分。一切党员必须承认此点。（二）中国共产党的最终目的，是要在中国实现共产主义制度……一切党员必须具有为党的这些目的而坚持奋斗的决心。（三）现在的人做一个共产党员，必须是一辈子都要坚持革命斗争。（四）一切共产党员进行革命斗争，必须在党的统一领导之下去进行。否则，就不能做一个共产党员。（五）一切党员必须把人民群众的公共利益即党的利益，摆在自己的私人利益之上……一切自私自利的人，不肯为人民牺牲自己的人，都不能做共产党员。（六）一切党员在革命斗争中，必须勇敢坚决，不能在严重的艰苦的环境中退缩，不能向敌人投降……否则，就不能做共产党员。（七）一切党员都必须为人民群众服务，使党与人民群众建立很好的关系……不能这样做的人，都不能做共产党员。（八）一切党员为了能够并且更好地履行以上各项，都必须努力地学习，使自己懂得更多的马克思列宁主义、毛泽东思想，使自己的觉悟更加提高……

这八条标准，经过整理和修改，被写进《关于整顿党的基层组织的决议》，成为党执掌全国政权后对党员的基本要求。在此基础上，后来中央又提出了共产党员的"十条标准"，成为共产党人的行为规范。

我们党是靠革命理想和铁的纪律组织起来的马克思主义政党，纪律严明是党的光荣传统和独特优势，在不同历史时期对党员都有严格的标准和要求。今天，广大党员应该按照党章的规定，按照习近平总书记的要求，做到"四讲四有"，即讲政治、有信念，讲规矩、有纪律，讲道德、有品行，讲奉献、有作为，做一名合格的党员。

文世芳

# 刘少奇："不能因为你是国家主席的亲戚，就可以搞特殊！"

1959年4月27日，刘少奇在第二届全国人民代表大会第一次会议上当选为中华人民共和国主席。选举结束回到家时，工作人员和家人都跑出来迎接他，向他表示祝贺。但让人意想不到的是，刘少奇像往常一样，向大家点了点头，举了举手，就回到办公室继续工作了。大家交头接耳，纷纷表示不理解，说少奇同志当了国家主席，怎么看不出半点高兴来呢？

刘少奇当选国家主席的消息传到湖南宁乡后，家乡人奔走相告。有的本家、亲戚、老乡认为刘少奇当了国家主席，做了大官，今后求他办事、找工作就很容易了。这年国庆节前夕，有几个亲戚为此千里迢迢来到了北京。

10月1日，刘少奇参加完国庆典礼后，高兴地回到家里。他打破平时吃完饭要休息一会儿的常规，叫秘书刘振德立即通知家里的所有人到会议室开会。全家这么多人正儿八经地坐在一起开会，还真没有过。孩子们觉得很新奇，议论纷纷。到底开什么会，大家都在猜测。刘少奇一进会议室，大家顿时安静下来，几十双眼睛齐刷刷地望着刘少奇。

刘少奇和大家打了招呼以后开始讲话："今天趁这个机会开个会，在座的有我的亲戚，有过去在我这里工作过的同志，还有我的家人，我看就叫家庭会议吧。"

刘少奇环顾了一下大家后，直截了当地说："这个会议室是我主持召开政治局会议的地方。不是要正确处理人民内部矛盾吗？今天开这个会就是要处理一下这个矛盾。"

家里也有人民内部矛盾？大家你瞅瞅我，我瞅瞅你，不得要领。

看着大家，刘少奇停顿了一下，接着说："矛盾是什么呢？有的人认为我当了国家主席，做了大官，权力很大，就想沾我点光，给点方便。有的想让我给他安排个好工作，有人想通过我来北京上大学，有的亲戚想进中南海依靠我生活。可我又不能满足他们的要求，于是就有人不高兴，发牢骚，说我不近人情，这就是矛盾嘛。"

刘少奇眼光扫了大家一遍，一些亲戚低下了头。

刘少奇继续说："你们想请我这个国家主席帮忙，以改变自己目前的状况，甚至自己的前途，说实话，我是国家主席，硬着头皮给你们办这些事，也不是办不成，可是不行啊！我是国家主席不假，但我是共产党员，不能不讲原则，滥用手中的权力啊！我手中的权力是党和人民给的，只能用于维护党和人民的利益。我们党处于执政的地位，权力很大，责任也很大。如果我们利用手中的权力，为个人小家庭谋私利，那很快会失掉人民的支持，那我们的政权也会得而复失的。"

刘少奇望着大家，诚恳地说："不能因为你是国家主席的亲戚，就可以搞特殊，就可以随随便便，不好好工作。正因为你是国家主席的亲戚，更应该严格要求自己，更应该艰苦朴素、谦虚谨慎，更应该有富贵不能淫、贫贱不能移、威武不能屈的志气。"

说到这里，刘少奇加重了语气，说："希望大家监督我，不要帮助我犯错误。"

听了刘少奇一番话，大家都觉得很有道理。有人表示一定不给少奇同志添麻烦，分散他的精力；有人表示要立即赶回原工作岗位去，干好本职工作；有人表示要向少奇同志学习，严于律己。

一次家庭会议，让亲人们知道了刘少奇的所思所想。在刘少奇看来，当选国家主席只是党和人民对他的信任，只不过是自己的肩上又增加了一份为人民服务的职责。一次家庭会议，也让大家懂得了一个道理："不能因为你是国家主席的亲戚，就可以搞特殊！"

杨志强

# 刘少奇：在执行党规党法上"应表现为模范"

刘少奇指出："党章，党的法规，不仅是要规定党的基本原则，而且要根据这些原则规定党的组织之实际行动的方法，规定党的组织形式与党的内部生活的规则。"党规在制定完毕后，必须认真予以执行落实。刘少奇着重指出，党的中央领导层在执行党规党法上"应表现为模范"，发挥自上而下的示范作用，同时党员要在思想和行动上均自觉地、严格地遵守党规，对于遵守和执行党规不力的党员则应给予严肃而恰当的处理。

在党规执行问题上，党的中央领导层应发挥自上而下的示范作用。刘少奇在党的七大上所作的关于修改党章的报告中强调，执行党规与党的纪律是一项重要的党员义务和责任。他指出："党章规定每一个党员都要严格遵守党纪，积极参加党内的政治生活和国内的革命运动，实际执行党的政策和党的组织决议，和党内党外一切损害党的利益的现象进行斗争。党员的这些义务，是大家历来所公认的。"在如何具体执行党规方面，刘少奇强调要发挥自上而下的带动示范作用。他在《党规党法的报告》中提出，"三个决定"等党规修改通过后，中央委员及政治局委员应该成为执行这些党规的模范。不仅强调中央委员和政治局委员是执行党规的"关键少数"，而且要求他们必须在执行党规方面为全党作出表率、树立标杆。

在党规与党的纪律的执行方式上，应当是思想和行动的有机统一。1941 年 7 月，刘少奇在华中局党校作《论党内斗争》的演讲时指出："单是在组织上处罚同志多，并不能提高党的纪律。党的纪律，党的统一，主要的也不是靠处罚同志来维持（如果要这样才能维持，那就是党的一种危机了）。而主要的是依靠党在思想上、原则上的真正一致，依靠大多数党员的自觉性来维持的。"也就是说，党员对党规的执行应该是刚性制度和柔性思想、外在约束和内心自愿的有机统一。刘少奇强调，共产党员"要有坚持党内团结、进行批评和自我批评、遵守纪律的修养"，要求党员提高思想觉悟，自觉做到服从党规与党的纪律。党员也只有打通思想，高度认同党规与党的纪律的必要性和科学性，才不会认为党规与党的纪律限制了自身自由，从而在行动上真正做到自觉遵守和执行党规与党的纪律。为了增强党员的积极性、主动性，提高党员的思想认同，刘少奇强调要加强和扩大党内民主。1945 年 3 月，他在党的扩大的六届七中全会上在对修改党章的有关问题作说明时，指出："党员有在一定的会议上可以批评党的任何工作人员的权利，这一条我动摇了几回，'任何'两字写了又圈掉，圈了又写上……但仍倾向于给党员这个权利"；要保证党员权利，走好"党内的群众路线"，确保"领导骨干与广大群众相结合"，推动全党在思想上更加团结统一，也更加主动地遵守党的各项要求。

对于执行党规与党的纪律不力的，要给予严肃处理，同时注重教育引导，反对惩办主义的政策。他指出："党员犯错误，有一部分是必须给处分的，比如明明懂得党章党纪和党的决议政策，却明知故犯、有意钻空子或者阳奉阴违、假公济私、对党欺骗隐瞒而犯下的错误；对于有些党员觉悟程度不高，对马列学习很少，对于中国复杂情况还不清楚，对党章党纪、党的决议政策还不了解的，要对其进行解释、教育和批评，而不应适用党的纪律处分。"这一认识和论述讲清楚了在严格执行党规与党的纪律的前提下，如何更好地发挥对党员的教育引导作用，体现出一种"惩前毖后、治病救人"的理念。对此，刘少奇特别批评了有些地方过于倚重纪律制裁解决党内问题的惩办主义现象。他认为，如果不从政治上原则上去解决一切问题，而采用组织手段与纪律去解决一切问题，在领导方式上过分机械与绝对，就是命令主义与惩办主义。因此，他强调，"只有在政治上原则上解决以后，组织手段与纪律的采用才是对的。纪律在党内是必要的，应加强——但要在最后的时候去采用"。

张海涛

# 朱德：党内没有特殊党员

在战火纷飞的革命年代，在血与火的斗争实践中，面对正义和邪恶两种力量的交锋，光明和黑暗两种前途的抉择，老一辈无产阶级革命家们几经挫折而不断奋起，历尽苦难而淬火成钢，体现了坚强的政治觉悟和党性原则。朱德就是其中一位。

党内没有特殊党员。革命战争年代，朱德在江西瑞金时，曾经被编在中央军委机要科党小组过组织生活。他担心党小组长顾虑他是首长，把他当成特殊党员，便与党小组长约法三章：一是党小组过组织生活必须通知他，二是党小组给每个党员分配任务时必须有他，三是党小组长必须定期听他汇报思想情况。

抗战时期，朱德和中央其他领导同志一样，每天非常忙碌。一天，朱德所在的党小组响应总部机关支部的号召，利用党日活动时间搞了一次平整操场的义务劳动。这个小组大多是警卫班的党员，当时朱德正在作战处埋头工作，党小组长就没有通知他去参加义务劳动。事后，朱德知道了这事，便找党小组长作检讨，并在小组会上作了自我批评。他说："党内没有特殊党员，都是普通党员。每个党员都应当尽一个党员的义务，总部机关的同志参加平整操场的义务劳动，是我建议的，党组织也作了决定，我理应带头执行。这次义务劳动没参加，是说不过去的，欢迎同志们对我提出批评，监督我严格执行党的决定。"不久，朱德又在警卫战士面前提起这件事，再次作出了自我批评。警卫战士说："这件事您在党小组会上已经检讨过了，往后就别再提了。大家说总司令50多岁了，日夜操劳，干活的事还是不参加的好。"朱德听后严肃地说："任何党员都没有不执行党组织决定的理由。我年岁大一点，工作多一点，都不能成为不执行党组织决定的条件。参加组织生活，向组织汇报思想，交纳党费，是每个共产党员最起码的党性。"朱德严以律己、认真作自我批评的精神，感染着许多党员，教育了广大群众。

张东明

# 朱德：共产党员的义务是执行党的决定

　　1935 年 6 月红一、红四方面军在懋功会师后，中央政治局在两河口举行会议，通过了北上抗日的决定。对这个决定，红四方面军领导人张国焘不愿执行。为搞好团结，朱德诚恳地同张国焘彻夜长谈，但被张国焘一口拒绝。事实上，懋功会师后，张国焘看到中央红军减员严重、装备给养困难，自恃兵强马壮，便打起了恃强夺权的如意算盘。8 月 3 日，红军总部决定将红一、红四方面军重新编组，分左右两路军北上，左路军由朱德、张国焘率领。9 月 15 日，张国焘在阿坝召开中共川康省委和红四方面军党员活动分子会议，公开提出南下主张，并煽动与会者批评中央，围攻朱德、刘伯承。会上，面对张国焘一伙的喧嚣，朱德十分平静，若无其事地翻看手中的书。张国焘逼着朱德表态反对北上，其亲信黄超竟然狂妄地跳起来，骂朱德"老糊涂""老右倾""老顽固"。忍无可忍的朱德拍案而起，桌子上的茶杯应声摔碎在地上："党中央的北上方针是正确的。北上决议，我在政治局会议上是举过手的。我不反对北上，我是拥护北上的。我是一个共产党员，我的义务是执行党的决定。"被编入左路军的原红一方面军各级指战员对张国焘违反中央决定的行为十分不满，一些干部甚至酝酿私下拉部队去找中央。为避免因擅自行动导致更严重局面，朱德曾对他们说："我们一定要坚持真理，坚持斗争，坚决拥护党中央北上抗日的路线，但要掌握正确的斗争策略，要顾全大局，维护红军的团结，只有加强全体红军的团结，才能克服一切困难，争取革命事业的胜利。搞分裂活动的只是张国焘少数几个人，眼前的曲折总是能克服的。"在朱德的开导教育下，大家才隐忍下来，并在事实上成为牵制张国焘的重要力量。

正如徐向前所说，"朱总司令的地位和分量，张国焘是掂量过的。没有朱德的支持，他的'中央'也好，'军委'也好，都成不了气候"。朱德坚决反对张国焘分裂党的行径，对于张国焘肆意妄为形成了有力制约，并最终促成了红军三大主力在陕北的胜利会师。毛泽东曾评价朱德"临大节而不辱"，并挥毫题词："要学习朱总司令：度量大如海，意志坚如钢。"

张东明

# 朱德：加强党的纪律性，维护好党的威望

　　1950 年 5 月，中共中央华东局一个通报中反映：浙江萧山县有两个区多山产竹、耕地极少，群众以造纸为业。但有的村却忽视这一地区特点，在划阶级时将槽户主划为地主、富农，普通工人划为贫雇农，劳力强、工资收入多的工人划为中农；在反霸时斗争了槽户主，而在征粮时又对没有田的手工业者派粮，无粮可缴的只好抛售土纸，使纸价暴跌，造成绝大多数槽户倒闭，大批手工业者失业，竹山荒毁殆尽。朱德批示："萧山县此种破坏手工业的行为，严重破坏了党恢复和发展生产的方针，是一种自杀政策，是绝对不允许的。对负有造成此种错误之主要责任的党员干部，应给予必要的纪律处分。"

　　新中国刚成立，为加强党的纪检工作，1949 年 11 月，中共中央作出成立中央及各级党的纪律检查委员会的决定，由朱德任中央纪委书记，由此拉开了新中国纪检工作的序幕。在新的历史起点上，作为新中国第一任中央纪委书记，朱德对执行党的纪律的特殊意义有着深刻认识。他指出，由于党领导中国人民取得了革命胜利，建立了人民民主专政的政权，成为执政党，党在非党群众中的威望是很高的，影响也越来越大。如果有一部分甚至即使是很少数

的党员有不好的言行，那就会破坏党的战斗力，降低党在群众中的威望。在此情况下，坚持铁的纪律，加强党的纪律性，维护好党的威望，更有特殊重大的意义。

朱德任中央纪委书记前后共五年七个月时间。从主持创建中央纪委办事机构、制定工作细则、选调干部，到定期向中共中央和毛泽东同志报告工作、及时总结工作经验、提出解决问题的办法，朱德对工作抓得很紧，为党的纪律检查工作做了大量奠基性工作。中央和各级纪律检查委员会在这段时间内处理近 30 万起案件，在同坏人坏事作斗争、克服党内纪律松弛现象方面发挥了巨大作用。曾担任中央纪委副书记的王从吾回忆说："朱德同志以身作则，坚持党的原则，维护党的纪律，带领大家认真负责地做好纪律检查工作。在全国解放后相当长的时间内，由于党中央的正确领导，中央和各级纪律检查委员会对违反党纪的各种不良现象进行了坚决的斗争，对许多重大事件作了严肃处理，从而使我们能够从纪律检查方面来推动各项事业向前发展。"

张东明

# 朱德教育儿子当工人

改革开放以来，党中央对规范领导干部配偶、子女及其配偶经商办企业等问题，作出了一系列明确规定。但从一些腐败案件看，有的领导干部借家属亲友大搞利益输送，家族式腐败严重败坏社会风气，人民群众对此深恶痛绝。德高望重的朱德总司令教育儿子当工人的故事，为我们作出了表率。

朱德唯一的儿子朱琦是抗战干部，在前线作战中因腿部中弹致残，曾任中国人民抗日军政大学第七分校队列科科长。中国革命胜利前夕，朱德在百忙中见到了朱琦和儿媳，非常高兴。谈话中，朱德问："土改工作结束后，你们有什么打算？"朱琦表示想去铁路工作。朱德说，你到铁路不能当官，要从工人学起。于是，团级干部朱琦到石家庄铁路局当了工人，先当铁路练习生学技术，然后当火车司炉，三年后当火车副司机、司机。后来朱琦调到天津铁路局，虽然担负一定的领导工作，仍经常驾驶机车。有一天，他回家说，我见到爹爹了。朱琦的夫人问"在哪里？"朱琦高兴地说，"在我开的火车上"。

朱德的家教、家风给人以深刻的启迪。在 2015 年春节团拜会上，习近平总书记特地强调家风问题，具有极强的现实针对性。各级领导干部一定要重视家教、家风，把它作为加强领导干部作风建设的一项重要内容。

薛庆超

# 任弼时：作坚决且有策略的斗争

任弼时说，要培养一种正确的领导方法与工作作风，不是一件容易的事情，是一种很细致很精巧的工作，是一种艺术，所谓的领导艺术，就是指的这个道理。在领导方法和工作作风方面，任弼时体现出鲜明的个人特点。作为一个领导者，他坚持原则，对错误的思想和行为，敢于进行坚决且有策略的斗争。如在与张国焘的斗争中，任弼时既体现出坚持原则的一面，又体现出讲究策略的领导方法与工作作风。

1936 年 6 月下旬，红二、红六军团与红四方面军会合后，张国焘施展种种不正当手段来拉拢红二、红六军团指战员，进行分裂活动。他先是让人送来一批宣传品，包括《干部必读》等小册子。这些宣传品，内有攻击党中央和红一方面军北上是"逃跑"，是"左倾空谈掩盖下的退却路线"，指名道姓地诽谤毛泽东、周恩来、张闻天等领导同志。接着，他又派人到红二、红六军团活动，进行面对面的拉拢和分化。任弼时和贺龙等不同意他们对中共中央领导人的诬蔑，也不听他们的花言巧语，立即通知部队：张国焘派来的干部只准讲团结，介绍过草地的经验，不准进行反党中央的宣传。送来的材料一律不准下发，由政治部封存或销毁。

7月初，时任红军总政委的张国焘向任弼时提出"二、六军团调换首长"并"另派政委"、两军团在政治上与他"保持一致"等，都被任弼时一一巧妙地拒绝了。此后，张国焘派人向任弼时提出要召开红四方面军和红二、红六军团干部联席会议，以求政治上"首先一致"。任弼时告诫来人，红四方面军和红二、红六军团只有在中央政治决议基础上才能一致，反对开干部联席会议。任弼时虽然坚持团结，反对分裂，但他对张国焘的斗争是讲究策略的，即斗而不破，以至于张国焘对任弼时印象不错，觉得他"经过许多磨练，已显得相当老成"。

经过朱德、任弼时等力争，并得到徐向前等红四方面军许多干部、战士的支持，张国焘的分化、拉拢活动无隙可乘，红四、红二方面军终于共同北上。

史全伟

# 任弼时是怎样开展自我批评的

延安整风运动后期，中共中央领导全党高级干部讨论党的历史问题，总结党的历史经验。1944 年 10 月 26 日，任弼时在讨论湘赣苏区历史问题的座谈会上发言，这个发言后来在收入《任弼时选集》时题名为《在湘赣工作座谈会上的发言》。

湘赣苏区是 1929 年朱毛红军离开井冈山向赣南进军后，彭德怀、滕代远率领红五军重返井冈山，恢复和发展起来的革命根据地。由于湘赣苏区是在"左"倾路线愈演愈烈的条件下发展起来的，因此存在着如何评价湘赣苏区历史的问题。特别是湘赣苏区在"左"倾路线统治中央苏区时期，执行了"左"倾中央的肃反政策，因此也存在着个人恩怨、是是非非等复杂的问题。党的六届四中全会后不久，成立了以王首道、张启龙、袁德生等为首的中共湘赣临时省委和省委。这段后来被称为旧省委的时期，虽然所执行的是临时中央制定的"左"的政策，但临时中央到苏区后，反而指责湘赣省委，以"右倾机会主义动摇"的罪名，撤销了王首道的省委书记职务，打击了张启龙、袁德生等省委领导。1933 年 6 月，任弼时到湘赣后成立了新的省委。这时，王明的"左"倾机会主义路线形态已经完备，"新省委在思想上、政策上比旧省委自然表现要更'左'",但仍无法满足临时中央的"左"倾要求,任弼时领导的新省委仍被批评"还有右倾机会主义"。

湘赣苏区的问题由于当时一直处于战争时期,始终没有得到解决。这种情况,直到延安整风的后期才得以解决。延安整风的最后阶段,抗日战争即将迎来全面大反攻阶段,党的七大即将召开,党中央认为有必要对各个苏区的历史作出结论,而作为中央党的历史问题准备委员会召集人,任弼时也表示有必要在湘赣工作座谈会上对湘赣苏区的这段历史给予评价。正是因为如此,任弼时以当年湘赣新省委书记、红六军团军政委员会主席身份参加了这次会议,他在湘赣工作座谈会上的发言也被认为是这次会议的总结发言。

任弼时的发言开宗明义就提出:"现在我们来检讨历史问题的时候,首先,应该从各种不同的历史情况出发,了解历史问题,检讨自己的错误。"作为当时湘赣新省委的书记,任弼时对自己在湘赣省委时期,由于认识上的失误,曾经执行了某些"左"的错误政策进行了深刻的剖析,作了严格的批评与自我批评。他说:"今天看来,改组省委是错误的。反对王首道等的'右倾机会主义动摇'也是错误的。对张启龙以及甘泗淇这些同志的打击都是不对的。这责任不在同志们,责任主要由我来负。"他还肯定了新旧省委的工作成绩,并分析了得到成绩的原因。他说:"这两个时期的省委虽然很'左',但其中还是有些做过实际工作的同志,如首道、启龙等同志就有实际工作的经验,与群众有密切的联系。他们在执行'左'的路线,遇到某些困难阻碍之后,有些修正。""这也是我们能在工作中得到成绩的原因"。

任弼时的这个发言,文风朴实,观点鲜明,不浮饰,不推诿,不文过饰非,不矫枉过正。他的这种坦率的实事求是态度,使到会同志很受感动。参加了这次会议的王首道感慨地说："作为一个领导者，既能坦率诚恳地批评别人，又敢于承担责任，虚心接受别人的意见，勇于自我批评，确实使我和到会的同志深受教育。"张启龙评价说："他的总结发言，通篇充满了历史唯物主义观点，充满了实事求是和严于自我批评的精神。他对于湘赣边区历史的回顾，对前后两届省委工作得失的评价，对经验教训的总结，令人悦服，的确是运用马列主义理论总结历史经验的范例。这次座谈会和他的总结，对统一湘赣各个时期干部的思想，澄清是非，增进团结，起了很好的作用。"

任弼时对历史问题采取尊重事实的科学分析态度和对自己错误的严格的自我批评，充分体现了他作为一个马克思主义者的实事求是精神。他客观、坦诚的分析和总结，勇于承担责任的精神，使原来湘赣省委的干部统一了认识，分清了是非，能够心情愉快地奔赴各自的工作岗位。

潘敬国

# 任弼时坚定维护核心、捍卫核心

　　党的七大是党在新民主主义革命时期召开的最后的也是极其重要的一次代表大会，确立毛泽东思想为党的指导思想是其重要的历史性贡献之一。在这一历史过程中，被誉为"党的骆驼"的任弼时坚定维护核心、捍卫核心，为七大的胜利召开、制定和坚持党的正确政治路线作出了重要贡献。

　　1940年3月，任弼时从莫斯科回到延安，此后出任了中共中央秘书长。在日常工作中，他越来越感到党内一些不正确的思想言论、不正常的政治生活、不合理的机构设置，严重影响了党的抗战事业，削弱了党的集中统一领导。为此，任弼时提出建议并主持了中共中央的机构调整，建立起一整套规范的工作制度和运行机制，大大提升了中央机关的工作效率。他特别强调党员要从政治上、思想上和组织上无条件服从党中央。1943年3月，任弼时向中央政治局作了中央机构调整与精简方案的报告。随后，中央政治局开会讨论通过了《中央机构调整及精简决定》，推举毛泽东为中央政治局和书记处主席；由毛泽东、刘少奇、任弼时组成中央书记处，对会议所讨论的问题，"主席有最后决定之权"。

　　1944年5月，中共中央书记处会议决定组织党的历史问题决议准备委员会，由任弼时担任召集人。其间，他不仅做了大量的组织工作，还亲自参与决议草案的撰写与修改。党的六届七中全会开幕前后，任弼时主持完成了决议草案的初稿。这一稿的突出特点是充分肯定了以毛泽东为代表的正确路线的作用。半年多的时间里，任弼时带领起草组数易其稿。最终决议由毛泽东亲自改定，并经过六届七中全会原则通过，为七大的胜利召开奠定了坚实的思想理论基础。

1945 年 4 月 23 日，党的七大在延安杨家岭大礼堂开幕。作为大会秘书长，任弼时主持开幕式，并发表了精彩演说。他动情地讲道："在二十四年的奋斗过程中，我们党产生了自己的领袖毛泽东同志。毛泽东同志的思想，已经掌握了中国广大的人民群众，成为不可战胜的力量。毛泽东三个字不仅成为中国人民的旗帜，而且成为东方各民族争取解放的旗帜！"为大会奠定了团结、胜利的主基调。

党的七大后，当选中央书记处书记的任弼时兢兢业业、笃行不怠，协助毛泽东指挥了全国战场，带领中央纵队转战陕北，参与党中央重大方针政策的制定与组织实施，为新中国的建立作出了不可磨灭的历史贡献。

张大勇　宋敏　孙宇中

# 任弼时：用革命情怀影响和教育亲属

任弼时少年时便立志为国为民，此后 30 年如一日，始终保持对党和人民事业的无限忠诚。即使在病魔缠身之际，他仍然坚持工作，"能走一百步，决不走九十九步"，直到生命的最后一息。他不仅严格要求自己，而且言传身教，用自己的革命精神和革命情怀，影响和教育着自己的亲属。

任弼时三妹任培辰，生于 1917 年，比任弼时小 13 岁，一直在家乡生活。任弼时仅在 1927 年 9 月回湘处理暴动问题时见过任培辰一面，自此天各一方，音问不通，而兄妹间思念之情愈加殷切。1937 年，一位南下从事秘密工作的同志受任弼时之托，特地到任培辰家里看望她。他转告任培辰："弼时同志很想念你这个小妹妹，我动身时，他还一再念叨，'不知我的小妹妹现在长多高了。'"任培辰也无时无刻不想念哥哥。在任弼时的影响下，任培辰和曾担任平江县长的丈夫单先麟一直向往革命，经常利用自身的有利条件为革命做工作，曾在抗战胜利前后帮助八路军三五九旅摆脱国民党军队的围攻。这以后，任培辰夫妻俩千里迢迢从湖南赶到北平，与叶剑英、薛子正接上了头，要求去延安看望哥哥，但因为当时时局紧张，任弼时没同意他们来。任弼时亲笔复了一信，通过地下党组织转交给任培辰：

转厚康兄培辰妹鉴：接读转来函电，已悉抵平。惟时局不靖，关山阻隔，仍以不来延为妥。如有事须告我者，请即面告薛君，彼当可负责转达。如返湘路费有缺，亦请与薛某商洽，请予资助，相会有期，勿念。

1949 年，任培辰夫妻俩再次专程赶到北京，看望哥哥、嫂嫂。22 年再相见，兄妹俩有谈不完的话，谈到兴头上，培辰顺便要求哥哥帮个忙，请他给湖南省委写封信，争取为她的丈夫找份工作。按理，凭任弼时的身份和地位，这事完全能办到。但任弼时却没有这样做。他对妹妹说："这虽是件小事，但是为了私事给省委写信影响不好。你们的工作，当地政府是会安排的。"任弼时话虽很短，但给妹妹的教育却很大。几十年后，任培辰谈起此事，仍很动感情地说："他每次发觉我们不健康的思想时，总是循循善诱，启发教育，他这种与人为善的批评，对我们的进步起了很大的作用。"

在任弼时的带动下，家里很多人都参加了革命。他的大妹任培月，1927 年参加革命，曾赴苏联学习，1948 年病故；二妹任培星，1931 年参加革命，曾在上海中共中央宣传部办的秘密印刷厂工作，1936 年病故；任理卿是任弼时的堂叔父，长任弼时九岁，1928 年，任理卿不顾个人安危，积极协助营救被捕的任弼时，最终将其平安救出。

新中国成立时，堂妹任培珊和堂弟任易刚刚长大成人，在他们的回忆中，任弼时的革命情怀永远让他们无法忘记。任培珊在回忆任弼时的文章中写道："你对祖国、对人民、对党的事业就是这样无限忠诚，这一崇高的无产阶级革命战士的品格，永远值得你的后辈来学习。"任易在回忆任弼时的文章中写道:"他的精神是永远不死的,长存于我的脑海中。"任弼时就是这样,通过自己的言传身教,将革命精神传递给了身边的亲属们。

朱昔群

# 刘邓大别山"约法三章"

全国解放战争时期，刘邓大军整肃军纪，践行"约法三章"，枪毙违反纪律的警卫团副连长，为部队在大别山站住脚、生下根，像一把匕首插入国民党心脏地区，提供了坚强政治保证。

1947年8月，刘邓大军挺进大别山后，远离后方，长途奔袭，极度疲惫，行军打仗时找不到向导，伤病员无法就地安置，觅粮、抬担架全要靠自己，面临残酷考验。更为严重的是，在极端困难的条件下发生了一些违反群众纪律的事情。刘伯承和邓小平意识到问题的严峻性，召开整顿纪律的紧急干部大会。邓小平指出："部队纪律不好，这是我军政治危机的开始，而政治危机必然带来军事危机，后果不堪设想。"为严肃军纪，刘伯承和邓小平对部队"约法三章"：以枪打老百姓者，枪毙；掠夺财物者，枪毙；强奸妇女者，枪毙。并成立执法小组，严厉惩处违纪者。

令人痛心的是，"约法三章"不久又发生了直属警卫团副连长违纪"抢劫"民财事件。一位店铺老板因不了解我军的情况，疑惧军队，丢下店铺躲进山中。警卫团某副连长顺手从店铺拿了一匹花布、一捆粉条及一些白纸和毛笔。得知此事后，刘伯承指出，问题竟发生在眼皮底下，是"灯下黑"，更应该严肃纪律。邓小平严肃地说，我们有过规定，抢劫民财者枪毙，必须执行纪律。如果令出不行，说了不算，我们肯定在大别山站不住脚。部队纪律整顿得如何，首先要看直属队，要看警卫员。如果这两部分人都管理不好，那么就离失败不远了。根据刘、邓意见，部队决定按纪律召开公判大会，动员群众下山参加。执行纪律前，有战士和百姓替他求情。邓小平和刘伯承态度坚决，表示：事情虽小，军纪如山。刘、邓和这位副连长感情很深，但法不容情。邓小平说："三国时，孔明曾挥泪斩马谡。我们硬是把泪水往肚里吞啊！"

我们党是靠革命理想和铁的纪律组织起来的马克思主义政党，纪律严明是党的光荣传统和独特优势，是党从胜利走向胜利的根本保证。

文世芳

# 邓小平：各级干部要严于律己，率先垂范

加强党的思想建设，是始终保持党的先进性和纯洁性、不断提高自身战斗力的重要保证。主政西南时期，邓小平突出强调党的思想建设，反对和纠正党内出现的各种脱离群众的错误思想倾向。

解放重庆等西南地区大中城市以后，部分党员干部在胜利面前未能经受住进城的考验，"以为全国胜利了，我们就可以坐着享福了"，出现了丧失理想、轻视工作、贪图享受、铺张浪费等问题。针对功臣思想、享乐思想、脱离群众思想等错误倾向，邓小平等西南局领导人先后发出《二野前委关于克服享乐思想，迎接新任务给杜义德同志并川南区党委的信》《克服享乐思想，以迎接新任务的指示》，其中尖锐地指出："部队现在正发展着享乐思想，值得所有部队引起严重注意。"

邓小平认为，要纠正享乐思想，各级干部要严于律己，率先垂范，明确部队的新任务"就是担任地方工作"，要在不断克服困难中逐步完成剿匪反霸、减租减息、土地改革等工作，告诫大家"有了新的任务，大家忙于工作与斗争，较之静止的整训，也更容易使部队进步"。

为进一步纠正和克服党员的错误思想及违法乱纪行为，1950

年 5 月，邓小平为西南局、西南军区党委起草了《关于干部整风的指示》。该《指示》要求各地整风必须与实际工作密切联系，根据"惩前毖后"与"治病救人"的方针，展开批评与自我批评。为此，1950 年 5 月至 10 月间，西南地区各级党组织按照邓小平和西南局的部署，采取自上而下，分级召开干部会议等方式，开展了一次以各级领导干部为重点的党内整风教育。通过这次整风，党员干部身上存在的错误思想倾向和贪污腐化、违法乱纪问题得到了纠正和处理，为我们党领导恢复西南地区经济社会秩序和开展大规模经济建设提供了重要保障。

史会景

# 邓小平与"改革开放反腐第一案"

改革开放初期，邓小平就十分重视反腐败工作，对于典型案例，抓住不放，一抓到底。

1980 年前后，广东海丰县打击走私贩私斗争处于高峰期，被有关方面查缴的私货在汕尾镇堆积如山。时任海丰县委书记的王仲经常跑到汕尾镇"视察"，把大量缉私物资，如当时十分稀缺的电视机、收录机等据为己有，同时大量索贿受贿，他家被戏称为"广播站的器材仓库"。王仲的行为影响非常恶劣。

经法院认定，王仲利用职权侵吞缉私物资、受贿索贿总额达6.9 万多元。这个数字相当于当时一个普通干部 100 年的工资收入。最终，王仲被依法判处死刑，成为改革开放后第一个因经济犯罪被枪毙的县委书记。该案也被称为"改革开放反腐第一案"。

对于此类问题，时任中共中央副主席、国务院副总理邓小平指出，要"雷厉风行，抓住不放"。他还强调，改革开放不过一两年时间，就有相当多的干部被腐蚀了。卷进经济犯罪活动的人不是小量的，而是大量的。"犯罪的严重情况，不是过去'三反'、'五反'那个时候能比的。那个时候，贪污一千元以上的是'小老虎'，一万元以上的是'大老虎'，现在一抓就往往是很大的'老虎'……现在的大案子很多，性质都很恶劣"。他告诫全党，要足够估计到这样的形势，如果不坚决刹住这股风，党和国家就可能要"改变面貌"。

进入新时期，为什么反腐败形势变得严峻？邓小平认为主要有两个原因：一是思想问题，即少数干部抱着"当官做老爷"的心态，丢掉了我们党艰苦朴素、密切联系群众的优良传统；二是制度问题，即党和国家现行的一些具体制度不够健全，同时法制不够完备。在邓小平看来，思想问题固然不可忽视，但制度问题更带有根本性、全局性、稳定性、长期性。因此，邓小平一再强调，反腐败要常抓不懈，要建立制度，标本兼治，确保改革开放顺利发展。

张东明

# 邓小平：必须维护中央权威

　　维护中央权威是讲政治的必然要求。在重要历史关头对重大历史问题作出正确判断，事关全局、事关长远，也是维护中央权威的必然要求。

　　"文化大革命"结束以后，百废待兴。中国怎么发展，特别是怎样对待毛泽东的晚年错误，怎样正确评价毛泽东的功过，是关系到我们怎样对待自己的历史，怎样开辟未来的大事。

　　在国际上，毛泽东是令第三世界敬仰的伟人和导师，也是令西方敬畏的巨人和对手。前者希望中国继承毛泽东的遗志、继续高举世界革命的旗帜，后者则希望中国背离毛泽东开辟的社会主义道路、改旗易帜。在国内，广大干部和工人、农民、解放军战士，对毛泽东怀有深厚的感情，他们发自内心地崇敬和热爱毛泽东，对"文化大革命"给党和国家造成的危害认识不充分。另一方面，一些在"文化大革命"中遭受迫害或冲击的人则情绪化地对待毛泽东。显然，如何评价毛泽东，已经不仅仅是给毛泽东以历史定位的问题，而是直接关系到中国未来举什么旗、走什么路、向何处去的根本性战略选择问题。

　　在这重大历史转折关头，邓小平以高超的政治智慧，客观公正地评价了毛泽东和毛泽东思想，坚持确立毛泽东的历史地位，坚持和发展毛泽东思想，坚持客观公正评价毛泽东的历史功过。十一届六中全会通过了邓小平主持起草的《关于建国以来党的若干历史问题的决议》，对毛泽东作出了正确的评价，既维护了中央权威又在不长时间内统一了全党的思想，从而掀开了改革开放的历史新篇章。

改革开放以来，邓小平始终强调改革就必须在中央的领导下有秩序地进行，而有秩序的改革则来自中央的权威，能否维护中央的权威将直接关系到改革的成败。

改革开放之初，为解决在计划经济时代中央统得过多、过死的问题，党和国家曾有下放权力的做法，但在这一过程中也出现了权力下放过度，以致中央调控能力受到制约的问题。对此，邓小平指出，"中央必须保证某些集中"。1988年9月，邓小平在一次谈话中指出："我的中心意思是，中央要有权威。"1989年9月，邓小平指出："不能否定权威，该集中的要集中，否则至少要耽误时间。"针对各自为政问题，他尖锐指出："前一段我提出党中央的权威必须加强。陈云讲，各路诸侯太多，议而不决，决而不行，各自为政。这个批评是正确的。中央的话不听，国务院的话不听，这不行。特别是有困难的时候，没有党中央、国务院这个权威，不可能解决问题。有了这个权威，困难时也能做大事。"邓小平举例，在"文化大革命"后期，毛泽东把八大军区司令对调，这是因为懂得领导军队的艺术，就是不允许任何军队领导干部有个团团，有个势力范围。

必须维护中央权威，是邓小平的政治交代，也是我们党执政的重要经验。

张东明

# 陈云："维护党的统一，不靠刀枪，要靠纪律"

党的团结统一是我们党能够战胜一切艰难险阻的重要保证。在如何维护党的统一方面，陈云十分看重纪律的作用，把纪律作为共产党人的重要武器。他指出，"维护党的统一，不靠刀枪，要靠纪律"；"全党严守党纪是革命胜利的一个重要条件"；"无产阶级政党如果没有铁的纪律，就不能巩固自己，团结群众，坚持斗争，战胜强敌"。

1943 年 3 月，在出席中央组织部和中央文化工作委员会在延安召开的党的文艺工作者会议上，陈云专门就要不要遵守党的纪律作了讲话。他强调，"严格地遵守党的纪律为所有党员及各级党部之最高责任"，这是六大党章规定的，均应毫无例外地遵守。陈云还指出，如果不遵守纪律，大家就不会取得政治上组织上行动上的一致，就会落得毛泽东所讲的"亡党亡国亡头"的下场，并且一定不可避免。他形象地说，"我们的党是一个战斗的党，我们在斗争中依靠的武器，唯一的就是纪律"，只有"由有纪律的党领导群众斗争"，才有了机关枪，"并且越是有了机关枪，就越要依靠纪律"。

那么，应该如何遵守纪律呢？陈云从三个方面作了回答。首先，"党的纪律是统一的，必须无条件遵守。""严格地遵守党的纪律为所有党员及各级党部之最高责任。无特殊人物，无特殊组织。"领导干部、领导机关必须成为严守党纪的模范。其次，遵守纪律必须是自觉的。陈云强调："坚定的革命者视纪律为自由。"凡入党者都应有此自觉性，遵守纪律要从自己做起。再次，纪律要真心地遵守和具体地遵守。陈云指出："所谓真心地遵守，就是要心口一致、言行一致。"嘴上说遵守纪律并不难，但我们共产党人要求的是不但要这样说，关键要这样做。"所谓具体地遵守，就是要在各种具体的情形下面来遵守。"比如，个人要服从组织，下级要服从上级，就要求党员既服从党中央，又服从支部和直接的上级。陈云强调："具体地遵守纪律，就一定要服从支部，服从直接的上级，即使上级的人比你弱，你也一定要服从"，"因为假如谁都是觉得自己的本领强，自己的意见对，没有一个约束，结果就谁都服从自己，不服从别人，而党的统一就完全没有可能了"。为此，陈云提出的合格共产党员的六条标准中，第三条就是坚决地自觉地遵守党的纪律，使自己成为遵守党纪的模范。

要做到严肃党的纪律，除了党员真心地具体地遵守党的纪律以外，还必须对违反纪律的人给予必要的纪律教育和制裁。陈云要求，各级党的负责人，都应时常对本级组织的纪律教育情况详加检讨和总结，并把纪律教育作为日常考察的一个内容，坚持在每个具体违反纪律的问题上给党员以纪律教育。1940年，在延安抗日军政大学第五期学员毕业大会上，他专门强调了纪律，指出："为维护党的铁的纪律，每名党员、每个组织，都应该自觉自愿地接受其他党员和上下周围组织的监督，同时诚恳虚心地接受群众的监督。""纪律有强制性。不自觉遵守，必须强制执行。明知故犯者，要给以处分；情节严重而不愿改正者，应开除出党。"

　　新中国成立后，陈云坚持严于律己，自觉作遵守纪律的模范。改革开放后，陈云兼任中央纪委第一书记，对维护党纪国法和抓党风尤为重视。1980年2月，党的十一届五中全会正式通过的由陈云指导起草的《关于党内政治生活的若干准则》，就是一部比较全面系统的党内法规，为我们党切实树好党风、加强和改善党的领导提供了遵循。1982年，在中央纪委编印的一份反映广东一些地区走私活动猖獗的信访简报上，陈云这样批示："对严重的经济犯罪分子，我主张要严办几个，判刑几个，以至杀几个罪大恶极的，雷厉风行，抓住不放，并且登报，否则党风无法整顿。"这些都体现了陈云维护党纪国法的决心和意志。

梁　营

# 陈云谈党内生活"三原则"

1946年10月，国民党撕毁"停战令"，重新在东北燃起战火，集中力量向中共南满根据地发起进攻。战局严重，南满地区党内暴露出严重的意见分歧。外有严重敌情，内有意见纷争，陈云自告奋勇，要求到南满工作。毛泽东亲自起草电报说："陈云去南满任书记兼政委，很好，望速去。"

临危受命的陈云，于1947年2月在南满分局第一次扩大会议上严肃提出，必须加强党内团结。他说：任何时候，对待党内的争论，都要有一个原则态度，这就是"老实的态度，是则是，非则非"；"负责的态度，争论事小，原则事大，历史上的事小，现在的工作事大"。4月，在南满分局第二次扩大会议上，陈云再次强调要健全党内生活，加强党的建设，以严肃的原则性去解决无原则的纠纷，并提出党内生活的三条原则。

对于批评与自我批评，陈云提出正面地坦率地辨明是非的原则。他认为：正面地坦率地辨明是非，这是应有的原则态度，不是得罪人。否则，就会助长混乱，不能解决问题。被责备者不要一触即跳。"大广播"比"小广播"好，正面讲比背后讲好。是否是事实，一见面就清楚了。

对于党组织生活，陈云提出必须严格执行民主集中制原则。他强调：民主不仅一般需要，在目前情况下有特殊需要。不经大家交换意见，是不可能集中的，形式上集中了也难免出错误。不民主，只集中，必然愈不能集中；多交换意见，反而容易集中。民主又必须集中。个人意见不被采纳，不能生气，也不能不尊重集中的决定。

对于党员权利和义务，陈云提出允许党内发表不同意见但必须坚持"四个服从"原则。他指出：每个党员遇到不如意的事和人，就不干工作，或在言论行动上消极，这是不对的。遵守纪律的重要，恰恰是在自己意见不被通过的时候，或者是有关自己的问题的时候。在我们党内，个别党员的利益必须服从于全党的利益。"四个服从"是一个也不能少的。

这三条原则，使得南满地区党内分歧逐步解决，为南满革命事业的巩固和发展奠定了坚实的组织保证。严肃的党内生活，是解决党内自身问题的重要途径，也是党不断发展壮大的一个重要法宝。陈云提出的党内生活"三原则"，依然具有重要的现实意义。

文世芳

# 陈云："国家机密我怎么可以在家里随便讲？"

陈云一贯严以修身、严于律己，常说"遵守纪律首先要从自己做起"，"我要带头遵守党的纪律"。遵规守纪，以普通的劳动者标准严格要求自己，是陈云家风的一大特色。

为带头执行纪律，陈云给家人定下了"三不准"：不准搭乘他的车，子女不准接触他看的文件，子女不准随便进出他的办公室。

新中国成立之初，担任中财委主任的陈云配有一辆公务车。同在中财委工作的妻子于若木本可以搭乘陈云的汽车，但她按照陈云的要求，坚持骑一辆天津自行车厂生产的"红旗"牌自行车上下班，从未搭过一次便车。后来，于若木到中国科学院工作，依旧是骑着自行车去香山上班。于若木曾开玩笑地说："我们家院子里停了两辆红旗车！"

陈云的子女回忆说："父亲的组织性、纪律性特别强，从来不会把国家机密向家人透露，或者作为聊天的谈资给我们讲，从来没有过。"20 世纪 60 年代初，国家经济困难，市场上暂时销售了一些高价商品来回笼货币。有一年夏天，于若木上街为陈云购置了一床高价毛巾被。结果第二天报纸就登出消息，因为国家经济已经恢复到一定水平，可以取消高价产品了，从即日起所有产品都降为平价。为此，于若木有点抱怨陈云："怎么不提前说一声。"陈云严肃地答道："我是主管经济的，这是国家的经济机密，我怎么可以在自己家里随便讲？我要带头遵守党的纪律。"

陈云对子女要求非常严格，教育他们要遵规矩守纪律。他对子女语重心长地说："你们若是在外面表现不好，那就是我的问题了。"女儿陈伟力上初中时，陈云在家里饭桌上、在平时闲谈中，不厌其烦地对她说，做人要正直正派，无论到哪里，都要遵守那里的规矩和纪律。尽管陈伟力那时并不太清楚父亲的特殊身份，对父亲的话也还不能完全理解，但她一直记在心上，并努力按父亲说的去做。

"文化大革命"时期，陈云在江西下放劳动。有一次，他出去听传达文件，迟迟不归，留在家里的陈伟力十分担心。直到天色近黑，陈云才回到家中。陈伟力急着问他文件讲了什么事情，陈云却说，现在还不能告诉你，这件事情会传达，但是要等到文件规定传达到你这一级的时候，我才能告诉你。过了几天，心情迫切的陈伟力又催问陈云，陈云还是闭口不提。一直等到文件规定可以传达到陈伟力这一级的时候，陈云才正式地、严肃地告诉了陈伟力关于林彪外逃叛国的九一三事件。

对身边工作人员，陈云也要求严格，时时提出告诫。一次，警卫员张庭春被分配了其他工作。离开前，张庭春前来看望陈云并请教：到新的工作岗位，有什么要交代的吗？陈云对张庭春说：你到哪里工作，都要记住一条，公家的钱、国家的钱一分钱都不能动；国家今天不查，明天不查，早晚就要查的；记住这一条，你就不会犯错误。张庭春一直牢记着陈云的教导，也非常感激。他说：我周围很多人因为经济问题犯了错误，但我因为牢记陈云同志的教诲，时刻警惕，没有犯一次这方面的错误。

　　遵守纪律要从自己做起，陈云无疑是党内守纪律、讲规矩的典范，而他言传身教，对家人、子女的严格要求所塑造出的家风家教深入每个家庭成员的心中。长子陈元回忆说："父亲言传身教、以身作则，一点一滴地教会我认识世界、思考人生。"

孔　昕

# 陈云：谢绝组织对姐姐特殊照顾

陈云两岁时父亲病故，四岁时母亲离世，和姐姐陈星相依为命，感情深厚。新中国成立后不久，陈云通过苏南行署主要负责人转给陈星一些钱，以接济她的生活。1950年4月，陈云又将陈星接到北京照顾。但因不习惯北京生活，10月陈星返回吴江松陵。在姐弟情深与坚持党性原则、严格要求自己之间，陈云是如何处理的呢？

根据苏南行署负责人的介绍和建议，吴江县政府以照顾革命家属的名义，曾给予陈星接济。陈云得知此事后，即予以妥善处理。1952年10月，中财委办公室致信吴江县县长，感谢县政府对陈星的照顾，请他们查清接济陈星钱或米的数量，停止对陈星的接济，陈星生活困难问题由陈云自己解决。一个月后，尚未得到回复的中财委工作人员再次致信吴江县县长，转达陈云"自己补助其姐"的意见，并要求告知过去由县政府补助的数额和处理情况。

由政府接济生活有困难的革命家属，是很正常的事情，但陈云不因此而违背他的原则，而且终其一生始终坚持。20年后的1972年8月，陈云亲自写信给吴江县松陵镇革命委员会，代姐姐陈星做主，将其财产"一概交公"。

一滴水里观沧海，一粒沙中看世界，一封信上见精神。这三封中南海直通县镇的书信，跨越 20 年的时间，我们可以从中感受到一位革命家重视家庭亲情，但又公私分明、不因亲徇私的共产党人风骨。

领导干部要闯过"亲情关"并不容易，既有赖于党纪党规的遵守，也需要自律意识的恪守。中华民族自古以来就尊崇"国计已推肝胆许，家财不为子孙谋"，告诫"莫用三爷，废职亡家"。老一辈无产阶级革命家更是注重家风家教，总结出"恋亲不为亲徇私、念旧不为旧谋利、济亲不为亲撑腰"等重要思想，为党员干部正确处理"私"与"公"、"小爱"与"大爱"关系树立了榜样。

文世芳

# 董必武:"甘为民仆耻为官"

1949 年 2 月华北人民政府迁入北平,办公地点设在天安门前西皮市街原银行公会。时任华北人民政府主席的董必武把家安置在离这里不远的一座小院中,并每天坚持步行上下班。这样不但免去了公车接送,走在老百姓中还能了解民情。

当时,董必武不仅身兼华北人民政府主席,还担任着中央财经部部长等职,经常不分昼夜地奔波和伏案处理公务。为了不劳烦有关部门迎送和沿途保卫,他让华北人民政府机关开了一张通行证,上面写着:"本府董必武主席,经常因公外出,深夜往返,为行动方便计,特临时发给通行证书。希沿途军警岗哨验明放行,勿得留难为荷。"

刚刚解放的北平,虽然社会环境趋于稳定,但仍隐藏着敌特破坏的危机。国民党潜伏特务柴氏兄弟,暗中跟踪摸清了董必武经常徒步出行的路线。正当特务要实施行动时,被公安部门一举破获。

对于特务的暗杀行动,董必武安之若素,依然不搞特殊化,行动不事张扬,轻车简从。董必武经常把自己比作是"配角""老牛"。这种亲民和低调作风,是他在多年的革命生涯中形成的。解放战争中在华北农村见过董必武的老乡说,他们经常会在村头、街巷遇到这位操着湖北口音的老同志，不知情的老乡有时问道："你是干什么工作的？"董必武笑呵呵地答："我是当勤务员的，人民的勤务员嘛！"

新中国诞生之际，董必武收到家乡子侄们的来信，要求在新政权里谋职。董必武回信申明：在共产党里做行政工作并不是做官！他说："虽然我在政府工作地位很高，但我们都是供给制，除个人穿、吃、住，不能额外开支。说明这点，使你们知道我们共产党人所领导的革命，和过去的改朝换代不同！"

新中国成立后，董必武曾在周恩来赴苏联访问期间代理政务院总理；也曾受党和人民委托代国家主席，但他始终埋头工作、不事张扬，保持艰苦朴素的优良作风。董必武曾嘱咐身边的工作人员：不许向地方要东西；不许以他的名义在任何部门搞特殊化活动；不许接受礼物。他说："我们大家都自认为是毛主席的学生，我所了解的毛主席有两种特别精神：一是为老百姓当勤务员；一是实事求是。我们必须体会毛主席这两种精神。"

朱德60岁诞辰时，董必武写下贺诗，称赞朱老总"半生戎马为人民""甘为民仆耻为官"，而这也是董必武始终奉行的行为准则。

刘一丁

# 董必武：“做人要有规矩”

董必武是参加过党的一大的革命元勋，新中国成立后，曾担任政务院副总理、国家副主席等领导职务。在他为党和人民奋斗和奉献的一生中，从不自视特殊，始终铭记“革命是为人民谋利益”的初心，并以此严格要求亲属和身边人，树立了良好的家风。长子董良羽回忆说：“父亲对我影响最大的就是做人要有规矩。”

新中国成立初期，董必武的有些亲友看他当了政务院的副总理，以为他做了大官，纷纷写信向他提出安排工作、调动工作、照顾生活等请求。对此，董必武一律婉言拒绝，并委婉地提出批评：“除了法律规定的职权外，任何人没有特权。在你的思想中对这点似乎还不很清楚。”

1949 年 7 月 17 日，董必武在家书中以堂侄董良焱请求到武汉行政部门工作为例，劝诫教育董良埙、董良焱两位堂侄要转变观念，“做行政工作并不是做官”。1950 年 5 月，董必武在一封家书中特别教育堂弟董献之：“学习脚踏实地的工作和老老实实为人民服务的作风。”

1953 年 12 月 9 日，外甥王俊山给董必武写信请求帮忙调动工作。在回信中，董必武谆谆教诲：“革命是为人民谋利益，决不应该把革命作为谋个人利益的手段……参加革命团体是为了学习革命工作，一切革命工作都是为人民大众谋利益，人民大众的利益问题解决了，革命者个人利益的问题也就在其中解决了。假使参加革命而以解决个人利益为目的，那是绝对错误的。"后来，他干脆写了一封通函，告诉亲友们不应通过领导干部个人关系办私事。他把这封信打印出来，分别寄给了家乡的亲友们。在他的教导下，他的侄儿、外甥、侄孙、侄孙女、侄外孙等都一直安心于自己的岗位。

在孩子们的心目中，父亲对他们特别讲原则、讲规矩。1969年，小儿子董良翮面临就业问题。那时候，参军、当工人都是很受欢迎的岗位。当时董必武是中央政治局委员、全国人大常委会副委员长，要安排孩子去部队或工厂不是什么难事。但董必武的态度十分鲜明："干部子女不能特殊，良翮还是下乡插队去！"

临别时，董必武提醒儿子说："你是革命的后代，要严格要求自己，生活上要艰苦朴素，和群众同甘共苦，决不能高人一等！"他反复叮嘱，"你不能当特殊农民，要做一个普通农民。你要听老农的话，听队长的话。"

半年后，董必武听说当地党组织要发展董良翮入党。董必武要夫人何连芝写信给当地党组织说明："不能因为他是我的儿子，就这样快地吸收他入党，一定要让他再磨炼一个时期才好。"过后，他还是放心不下，又要何连芝亲自前往向当地同志再三强调：千万不要因为孩子是干部子女就讲情面，要严格要求，只有真正具备了共产党员的条件，才能吸收他入党。

董良翮在农村一干就是十年。他虚心向农民学习，得到了群众的交口称赞，被树为知青的先进典型。1975年春，九十高龄的董必武病重住院，董良翮回京探望父亲，已是弥留之际的董必武却不让儿子留在身边，催促他赶紧回去："农村工作忙，不能长期耽搁。我这里有人照顾，你还是回农村安心工作。"

临终前，董必武在病榻上写了一首诗《九十初度》："九十光阴瞬息过，吾生多难感蹉跎。五朝敝政皆亲历，一代新规要渐磨。彻底革心兼革面，随人治岭与治河。遵从马列无不胜，深信前途会伐柯。"诗作展现了董必武高洁的品格，是他良好家风的最好注解。

孔 昕

# 谢觉哉："为党献身常汲汲"

谢觉哉，字焕南，别号觉哉，湖南宁乡人。1918 年至 1919 年受进步思想影响，1921 年加入新民学会，1925 年加入中国共产党。作为老一辈无产阶级革命家、政治家、社会活动家，谢觉哉数十年为党工作，曾先后从事党的宣传教育和机关党的工作，为机关党的建设作出了重大贡献。

大革命失败后，在党组织安排下，谢觉哉于 1928 年来到上海，负责主编党中央机关刊物《红旗》。当时的上海环境险恶，用人十分困难，因此谢觉哉揽下了采访、编辑、校对的所有工作，一个人就等于编辑部。为了让群众看得懂，他经常到工人中采访，了解他们的生活和诉求。他"有时忙得连做饭的时间也没有，肚子实在饿了才到马路上去吃碗'阳春面'（即清汤面），或买两个小面包带回家来吃"。在谢觉哉的努力下，1928 年 11 月，《红旗》开始出版发行。除编辑稿件外，谢觉哉还亲自撰写了《国民党与鸦片烟》《国民党之所谓对日交涉》等重要文章。文章朴素易懂、以小见大、富有战斗性，除揭露、抨击国民党背叛革命的行径和反动政策外，还大力宣传党的主张，鼓舞人民起来建立工农自己的政权，在广大群众中产生了很大影响。

1933 年，谢觉哉到中央苏区工作。次年，在中华苏维埃第二次全国代表大会上当选为中央政府秘书长，并兼任中央政府机关党总支书记。为适应战争环境的需要，领导、做好机关工作，谢觉哉亲自到各个支部了解情况，根据支部工作性质安排任务。比如，他要求内务部的支部要保证各项民政工作业务；要求司法部的工作要懂得如何进行判案；要求教育部的支部要保证有计划地安排红军战士的文化学习等。他亲自给机关支部的同志讲课，用常见的例子深入浅出地讲解马列主义理论，教他们学政治、学军事。除了布置任务，谢觉哉也坚持亲自检查执行情况，对工作中的问题，一方面严肃批评，一方面又主动承担责任，召开支部会讨论，让大家找原因、吸取教训。他还经常鼓励机关干部到下面去调研，积累经验。在谢觉哉的亲自指导下，各支部的工作都开展顺利，很有成效。

1940 年，党中央成立了陕甘宁边区中央局，谢觉哉担任中央局副书记，并兼任边区政府机关党团书记。由于个别党员和少数干部滋生了贪图享乐、贪污腐化的思想，发生了"违反群众的利益以利自己"的事件。为教育广大干部，纠正不正之风，谢觉哉主持发动了一次"坚决反对侵犯群众利益"的教育运动。他列举当时随意占用群众土地和房屋，自由拿走群众财物，随意踏毁庄稼，关押、处罚群众，甚至蛮横打人、骂人等表现，指出这些行为严重破坏了党和群众的关系，号召延安的党政机关把加强群众工作、尊重群众利益列入党的工作日程。他发表《防止贪污与反对资本主义思想》《斜径败良田》等文章，分析错误思想的根源，批评违反群众纪律的行为，强调共产党员不应该有特殊享受。经过检查和教育，边区各级党员干部受到了一次思想上的洗礼，"不侵犯群众一针一线"的光荣传统得到发扬。

　　"正是花红叶绿时，高堂忽颂南山诗。三千岁后呈香果，六十年来祝大师。为党献身常汲汲，与民谋利更孜孜。岿然议席称前辈，万口腾传载道碑。"这是 1944 年谢觉哉六十寿辰时，一位同志为他写的诗。其中"为党献身常汲汲"，形象刻画了谢觉哉为党工作的态度和精神，也为新时代我们认真做好党的工作、发挥好党员先锋模范作用，树立了光辉典范。

刘　颖

# 谢觉哉：正党风要"硬起颈骨来"

1942 年 4 月至 11 月，谢觉哉以"焕南"为笔名，在延安中共中央机关报《解放日报》上辟"一得书"专栏，连续发表 60 篇文章，配合延安整风。

他在《解放日报》的改版座谈会上提出，写报纸文章就像厨师做菜，总是做大碗肉，容易让读者腻味；应该写一些文情并茂、有针对性、以理服人的小文章，既避免篇篇都是大文章、板起脸孔说话的疲劳，又能改进文风、创作出更多的精致作品。他是这样说的，也是这样做的。除宣传实事求是精神，"一得书"还用充沛的感情和老练的笔调痛斥宗派主义和主观主义，以正党风。

在文章《把颈骨硬起来》中，谢觉哉讲述了汉朝京兆尹面对皇权刚正不阿的故事：京兆尹有一天在街上把皇帝姐姐的姘头打了一顿，公主向皇帝哭诉。京兆尹坚持自己没错，在皇帝要他磕头道歉时硬起颈骨，几个人压都压不下。他用这个故事强调敢于维护真理的实事求是精神，并以此回应早前在《解放日报》上看到的延安市政府工作人员认为"党、政、军、学人员藐视市府法令"、要求边区政府提高市政府职权的要求；认为应该"提高市府职权"，但也强调"边府从没有允许党、政、军、学人员可以藐视市府法令的规定"。他提倡有法必依，"应罚的罚，应拘的拘，任何人的威胁，不屈；任何大头子的说情，不理。'硬起颈骨来'"。文章联系实际、有的放矢、深入浅出，既提倡维护法制，又提倡敢于维护真理的精神，传播了延安作风。

再如《忆叔衡同志》怀念何叔衡同志见危不乱、笃实刚介的精神，《怎样做县长》提倡做有学识、亲民、"知稼穑之艰难"而能解决实际问题的县长，《"就文件讨论文件"》要求原原本本学习文件精神并用于指导实践，等等。这些文章列举同志间不团结、脱离实际、生搬硬套基本理论的危害，指出克服主观主义、宗派主义，必须理论联系实际，同群众相结合，做好调查研究，坚持实事求是。文章有感而发，娓娓道来，意味深长。

"一得书"栏目文章朴实生动、短小精悍、言之有物、平易近人，毫无党八股气息。其无论在内容上宣传实事求是的延安作风、反对宗派主义和主观主义，还是形式上提倡新文风，都为是时的延安整风营造了良好的舆论氛围。因此，"一得书"栏目文章一发表就受到了毛泽东的好评。

党的作风正，人民的心气顺。今天，我们要正党风、整治"四风"，也应该"硬起颈骨来"，用党纪国法规范言行，以实事求是的态度，狠抓"四风"不松懈，营造风清气正的政治生态。

刘 颖

# 吴玉章："最主要的应该是爱和严相结合"

　　著名革命家、教育家吴玉章在自身经历和长期的教育工作中深切体会到家庭教育的重要性。他对晚辈始终坚持"爱和严相结合"。"爱"和"严"，成为这位老革命家对家风的最精练概括。

　　1940年冬，终日为革命事业奔忙的吴玉章由于劳累过度病倒了，甚至一度病重休克。当时，吴玉章的侄孙吴本清正在中央党校学习，党组织安排他暂时离开学校，去杨家岭照料吴玉章。有一次，从四川荣县来延安学习的黄才焯来探望吴玉章。吴老听说他没有钢笔，又见他一心向学，便当即给他五元边币买钢笔，并勉励他努力学习进步。吴本清考虑到自己没有过冬的鞋袜，平时都是在草鞋里衬一层包脚布片勉强御寒，于是也大胆地向自家叔祖要几元钱，表示想买双棉鞋。这时，吴玉章问道："其他同志都穿上棉鞋了吗？"吴本清不好意思地说："还没有。"吴玉章严肃起来："这是因为反动派封锁边区，组织上有困难，所以才不能给同志们发棉鞋和布袜。你可以向我要钱买鞋，其他同志又怎么办呢？在成都的时候我就提醒过，延安的生活苦，你不是说别人能过你也能过吗？"

　　吴玉章干了几十年革命，从来没计较过吃穿：他的一套西服是20世纪30年代从法国穿回来的，一套中山装是出席国民参政会时党组织给他添置的，一件黑色的老羊皮大衣还是滕代远送给他的。吴玉章的自律与对吴本清的批评，让吴本清低下头，承认自己错了。吴玉章的话虽然严厉，但还是让侄孙脱下鞋子，检查脚上的冻伤。看了伤口，他不禁心疼地说："脚冻成这个样子，鞋还是要买的。但你必须记住，革命就是要有艰苦奋斗的精神，干革命必须具备三个心：一是决心，二是虚心，三是恒心。没有决心什么也办不好，没有虚心的态度什么也学不到，没有恒心什么事情也办不到。"

1949 年 9 月，吴玉章的独子吴震寰在成都不幸去世。吴玉章强忍着老年丧子之痛，把儿媳蔡乐毅和四个孙辈接到北京与自己一起住。1960 年，正值我国经济严重困难时期，全国粮食、油料、蔬菜和副食品非常缺乏。吴玉章的孙女吴本立由于营养不良而生病，请假离开学校回家休养。当时国家实行供给制，伙食分为大灶、中灶、小灶三种。吴玉章是中国人民大学校长，按照规定可吃小灶，伙食相对好些；儿媳蔡乐毅是人民大学教师，吃教师食堂的中灶；四个孩子按规定到人大食堂去吃大灶。那时，食堂大灶常常只能供应稀粥和馒头，馒头也常常是又黑又硬，被人们戏称为"小二黑"。眼见得孙女正在长身体的时候却由于营养不良而虚弱不已，年逾八十的吴玉章十分心疼，内心陷入两难境地。有一天中午，吴玉章将自己碗中的饭菜简单吃了几口，站起身来对孙女说："本立，我今天胃口不好，吃不下去，你帮爷爷把剩下的饭吃了吧，浪费了怪可惜的！"说完，不等小姑娘回答，自己就转身走了。从那以后，吴本立常常是在食堂吃完大灶后，回家还要负责解决爷爷的剩饭，自己气色逐渐好看些了，但本就清癯的爷爷却比平时更瘦了。

吴玉章多次指出，教育子女的正确方法"最主要的应该是爱与严相结合"，在生活上既要给予晚辈无私的爱，在政治上、学习上、工作上又要严格要求他们，"这才是真正的爱"。

1963年11月20日，吴本清去探望吴玉章，临别时请求老人为他写一句话作纪念。吴玉章就在吴本清的日记本上题词，上联是："创业难，守业更难，须知物力维艰，事事莫存虚体面"，下联是："居家易，治家不易，欲自我身作则，行行当立好规模"。大意是教人不要追求虚荣奢侈、不要讲究排场，而是要踏踏实实地做事，并要做好，争当楷模。这句格言至今仍是吴家后辈倍加珍视的家训。

李炼石

# 彭德怀的"四个不准"

新中国成立后，彭德怀担任党、政、军重要职务。他政务繁忙，经常外出视察。每次出发前，他都对身边工作人员讲"四个不准"：一、每到一地，不准要求当地人接送；二、在任何地方吃饭，不准请客；三、不准要人家代买东西，如果送上门来，也要婉言谢绝；四、参观时不准前呼后拥地陪同。

一次，彭德怀到杭州勘察钱塘江北岸。离开时，见有人往汽车上装绍兴酒，立即问参谋："酒是哪里来的？"工作人员说："有买的，也有送的。"彭德怀生气地问："谁送的？送谁的？哪个出的钱？"见大家默不作声，他又大声问："伙食费算了没有？"得知有的地方坚决不收伙食费，他更是怒容满面。直到当地领导表示回去一定算清，带走的酒都按市价付钱，带不走的退回去时，他才勉强息怒离开。

1956年夏日的一天，警卫员建议彭德怀到北海公园游览，还可到湖心亭看戏。彭德怀很高兴，他让汽车在离公园一条街的地方停下，可到门口一看，大牌子上写着"休息"二字，几个干部和工作人员在那里等候。原来，警卫员通知了有关部门，特地做了安排。彭德怀非常生气："是不是你们把群众赶跑了？"工作人员解释，是奉了上级指示，闭园接待首长的。彭德怀气冲冲地说："这么大一个公园，我们来了，别人就不能来？这种规矩，以后在我们共产党领导的国家里绝不能有！"他转身走出公园，路上对警卫员说："我以后再不逛公园了，免得老百姓背后骂娘！"

生活中，彭德怀对自己很"小气"。衬衣打了好多补丁，还舍不得扔。他的一部旧式汽车，有关部门让换新的，他说："这辆还能用，换什么？"窗帘布旧了，警卫员提出更换，他说："旧了？老百姓用这样的布做衣服，还不知穿多少年哩！"

彭德怀对自己"小气"，对国家、对同志却是无私奉献。1954年，国家和军队干部实行薪金制，一直享受供给制待遇的干部子女都改由家庭负担学费。彭德怀的侄女是烈士子女，国家规定学费仍由学校供给。彭德怀却对侄女说："不，你上学我应该管。"他在学校来信上写道："不要国家供给，由我负担。"他说："现在国家还很困难，要用钱的地方很多，我们减轻国家一点负担也是应该的。"从此，他用自己的薪金供侄女上学。

王林育

# 陈毅："手莫伸，伸手必被捉"

陈毅元帅曾在一首诗中写道："手莫伸，伸手必被捉。党与人民在监督，万目睽睽难逃脱。"这几句诗一针见血，振聋发聩，既是他的自警，也是他严以治家的铁律。

陈毅教导子女不向党和人民伸手，要求子女学会谦逊低调，任何时候都不准搞特殊化。新中国成立初期，陈毅将大儿子陈昊苏和二儿子陈丹淮送到南京市汉口路小学读书并交代他们："当别人询问父亲姓名时，只准说化名'陈雪清'。"之所以这样安排，一是基于安全考虑；二是在陈毅看来，自己是军队领导，自己的子女在军营里读书，可能会引人注目，易使子女产生优越感，滋长骄傲情绪。他希望自己的孩子做一名简单普通的小学生，与同学打成一片。陈毅的子女始终谨记父亲不准搞特殊化的教诲，一直保持谦虚谨慎的优良作风，从不向人炫耀自己的父亲，也从不主动向人提起父亲的名字。即使后来三儿子陈小鲁与粟裕唯一的女儿粟惠宁喜结连理时，因正逢夏天，也仅用清甜可口的大西瓜接待来祝贺的亲友，低调朴素的"西瓜宴"就成了他们人生中最重要的"婚宴"。

除对子女严教外，作为孝子的陈毅经常劝诫父母不向党和人民伸手，一分一毫切记公私分明，决不能以权谋私。上海解放后，陈毅出任上海市市长。陈毅的父母从四川老家来到上海。陈毅和妻子张茜因工作繁忙不能经常陪老人在市里游玩。可两位老人在家里实在坐不住，想多出去逛逛，于是就瞒着陈毅，邀请在上海工作的侄子陈仁农陪同。陈仁农私下联系陈毅秘书备好车，方便带老人出去观光。不久，这个"秘密"行动就被陈毅知道了。陈毅立刻出面制止，严肃诚恳地对父母讲："我是你们的儿子，也是人民的儿子，我们每一个人都要遵守革命纪律。"陈毅晓之以理动之以情，与父母约法三章：一不得随意动用公车；二不要借用市长的名义外出办事；三没有特别的事，不要随意外出。后来，两位老人打算回四川老家住，陈毅又向工作人员专门交代了三条安排意见，再次约法三章：一把两位老人直接送到妹妹家，不要惊动省委；二找普通民房住，不得向机关要房子；三安家事宜自行解决。对于陈毅的多次约法三章，陈毅父母之后再未违约。

陈毅注重教育身边亲属不向党和人民伸手，主张他们要学有专长，立身有道，努力为党和人民作出贡献。陈毅侄儿陈德立和侄女陈德琦在接受采访时谈到二叔陈毅的严格。他们说，让他们印象最深刻的就是父亲陈孟熙和表哥杨仲迟想让二叔陈毅安排工作被拒的事。当时，陈毅的大哥陈孟熙和侄儿杨仲迟陪同陈毅父母到上海，希望陈毅给他们安排个工作。他们觉得陈毅是堂堂上海市市长又十分孝敬父母，有二老帮忙说话，找工作的事肯定能解决。见面后，陈毅热情接待了他们，建议他们到上海革命大学读书学习。从革命大学结业之后，他们满以为马上就会有工作了。可谁知，陈毅把他们叫到身边，拉着他们的手语重心长地说："你们是我很亲的亲人，但我作为国家的普通工作人员，不能破格办事，我不能为你们安排工作，你们把父母送回去，但不能惊动了成都市委和军区。"从此，家里再也没有亲戚找陈毅伸手要工作要好处。陈毅的几十个侄儿、侄女没有一个人的工作是动用陈毅的关系安排的。

陈毅曾给父母写过一封家书，信中谈到妻子张茜到北京俄专学习一事，认为"立身有道，学有专长"是新中国为人做事的根本原则，并恳切希望双亲将此意转告各位弟兄姊妹及下辈，还感慨道："中国人人人如此，何愁不富强！"陈毅的言传身教，让亲人们时刻将这句箴言铭刻在心头。

正人必先正己，治国必先治家。陈毅时刻坚持原则，处处廉洁奉公，始终清醒地认识到家风的好坏关系的不仅是一身之进退、一家之荣辱，更关系到一党、一国之兴衰。陈毅严于律己、从严治家，为世人树立了典范。

黄亚楠

# 徐向前：公私分明的家规

徐向前廉洁奉公，无论在战争年代还是和平时期，生活上从来不提个人要求，始终自律自俭，并且严树清廉家风，要求子女自强自重，不能利用他的威望拉关系、搞特殊。对那些上门送礼的，请托办事的亲友、熟人，他交代工作人员："一切应酬馈赠全部谢绝"，有事"公事公办"。

1949 年 4 月，徐向前率部攻克太原。家人闻讯后，两个姐姐前来探望。他对姐姐说："你们来只能住几天，我吃什么你们就吃什么。我也没有什么可以送给你们，东西都是公家的。"

新中国成立后，徐向前更加严格要求自己，保持着战争年代与士兵同甘共苦的品质，决不搞特殊。他对家人的要求也非常严格。有一年，女儿徐鲁溪所在的单位调整住房，她一家三口从多年居住的八平方米小屋子，搬入了新住所。为此，徐向前对她好一顿"审问"，想看看是不是特殊照顾。最后了解到确实是单位正常调房，这才安下心来。

小女儿徐小涛中学毕业后，被派去内蒙古插队。当时她年龄尚小，身体也一直不好，只要徐向前向有关部门反映下情况，可以免除插队。但徐向前不开这个口，而是说："孩子的路要靠自己去走"。徐小涛听从父亲的话，背起行李，就去了荒凉的大草原。

在徐向前以身作则和严格要求下，家里人都非常自律，不搞特殊，不占公家便宜。特别是在用车上，非常自觉。徐小岩是徐向前的独子，上小学时，徐家已经来到北京，住在史家胡同。读书的学校是八一小学，当时同学中很多是干部子女，也有互相攀比家庭的情况，但他对此毫无概念，因为从没有觉得家里有什么特权。在徐小岩的记忆中，家人疼爱归疼爱，可即便是母亲，每天也都和大家一样坐公交车上下班，从不能使用父亲的专车。

徐小岩上学路程很远，从家到学校坐公交车，要倒一次车，车费两毛五分钱，每次家里会给三毛钱。那个时候，学校的伙食不算好，他有时就会拿钱买点炸灌肠、小年糕什么的吃。这样，把车票钱吃了，就只能走回家了。一次，他从下午两点放学，一直走到晚上六点多才到家。即使如此，徐小岩也从没有坐过父亲的车。

徐向前不仅对儿女要求严格，对孙辈也是如此。徐小岩的儿子刚出生不久，徐向前就亲自给孙子取名"徐珞"。"珞"的本意是有棱有角的坚硬玉石，他是希望自己的孙辈能像玉石那样坚强。自然，孙子也没有得到徐向前的额外关照。

徐珞在小的时候，随母亲王彦彦去看电影，也都是自行前往。当时，中南海每星期在怀仁堂放电影。王彦彦让人帮着做了一个挂斗，安在自行车后面，想看电影的时候，就让徐珞坐进去，自己骑着去中南海。站岗的警卫战士看到这辆特殊的自行车，就开玩笑说："没有一家是坐这个车来看电影的。"

侄孙女在黑龙江北大荒插队，侄子想让元帅叔叔关照关照，让孩子去当个兵。徐向前明确地对侄子说："我不能破这个例。孩子要当兵，就按正常手续办，不许走后门。"后来，侄孙女靠着自己的奋斗，在北大荒边劳动、边自学，考取了大学。

在徐帅家的客厅，有一幅红旗牌轿车的照片。徐小岩曾对客人说："那是父亲的专车，母亲和我们姐弟都几乎没坐过，但印象很深"，"公私分明一直是我们家的家规。"

张建军

# 李先念重视群众监督

新中国成立后，李先念奉命主持湖北省党政军工作。他重视人民群众对党的监督，经常阅看《湖北日报》"读者来信"栏目和《人民来信》简报，以从中发现问题并及时纠正。

主政湖北期间，李先念始终注重加强党员和干部队伍的思想、作风建设，要求党员和领导干部脚踏实地，重视人民来信，解决群众反映的问题；强调对待来信"不仅要看好的一面，而且特别要看批评的一面"。他重视群众意见，责成"省委或省政府召集有关机关开一次会议，彻底打通思想，并规定办事细则，务必做到件件有落案，件件处理透彻，敷衍塞责者以党纪与法纪制裁"。

1952年初，李先念从报纸中看到某县委书记工作不踏实，一年只下地方三天，随身带着会写文章的大学生在报上发表文章，然而所报道的与工作实际相差甚远。他当即写信给荆州地委并告各地、市委，批评这位县委书记欺上压下、"华而不实"，指出此行为若属实，就是"欺骗党、欺骗人民"。他要求各地"时常注意检查"，"哪怕很小的一件工作，也应做透"；一旦发现这种恶劣风气，就"毫不留情地给以斗争"。

1953年1月，李先念给湖北相关领导和荆州、宜昌地委写信，要求采取有力措施、同歪风邪气做斗争。起因是他在年初看到《湖北日报》"读者来信"中，揭发了某县区长和工作组长虚报复查情况、某县乡浪费劳动力现象的严重问题。他结合《人民来信》第八期中反映黄冈扣押工人案及沔阳渔民要求捕鱼案，提出：群众来信揭发很有意义，"问题不是一转送给相关机关就算了事"，必须同这些不正作风做斗争。他在信中对弄虚作假者和官僚主义、强迫命令、违法乱纪的行为作了严厉批评，并责令相关领导检查纠正。

在处理人民来信的工作中，他总结出了反对官僚主义、强迫命令和违法乱纪的方法：（1）坚持由上到下进行干部的普遍教育，和由下到上发扬民主、加强人民主人翁意识相结合；（2）组织严谨科学的检查工作，查漏补缺分析改进；（3）健全监察机制，建立完备的各级纪检会与监察委员会；（4）重视人民来信，坚持件件有答复并限期解决。

李先念从人民来信反映的情况中作全局性思考，并适时提出指导性意见，为新中国成立初期湖北地方政权建设及各项工作的开展提供了政治和组织上的保证。如今，我们党正以钉钉子精神纠"四风"，仍应坚持群众路线，党心民心同频共振，以永远在路上的决心锲而不舍抓好作风建设。

刘　颖

# 陶铸：松树般坦荡无私的品格

陶铸在《松树的风格》一文中写道："我每次看到松树，想到它那崇高的风格的时候，就联想到共产主义风格。我想，所谓共产主义风格，应该就是要求人的甚少，而给予人的却甚多的风格。"正是在这种共产主义风格的熏陶下，陶铸一生克己奉公，始终严格要求自己和家人，践行了共产党人的生活准则，保持了共产党人的无私本色。

1951 年 11 月，陶铸胜利完成广西剿匪任务后，第一次顺路回祁阳老家看望阔别多年的乡亲。中午到达县城时，县里为他备了一桌接风酒。他知道了，坚持不去。后来找到了他在县一中工作的哥哥，到学校的教工食堂吃的饭。

当时，哥哥另加了几个菜，他问："这饭菜是由你私人掏腰包请客，还是由公款报销？"哥哥说："这完全是我私人的钱，保证不揩公家一分钱的油，你就放心大胆地吃吧！"

听了这话，陶铸才笑着说："这就好，这就好！我们干革命工作，搞社会主义，头一条就要公私分明，一丝不苟。你今天的情意我领了。"

陶铸把个人的"小家"和公家的"大家"的关系摆得很清楚。

由于工作关系，他有出国机会。每当这时，他常常用自家的钱，为公家置办急需之物，但从没想过要给女儿买点什么。有一次出国，公家发了些外币，他想到省委招待所没有吸尘器，便买了一个，带回来送去。参加苏共二十二大时，他没有给女儿买礼物，却用自己为数不多的津贴，为广东粤剧团买了一台幻灯机。对此，陶铸曾经对外甥说："我们不是旧社会的官，我们不追求个人什么财产，我们的一切，都是公家的，连我个人也是公家的。"

陶铸的家风深深烙印着克己奉公的品格。夫人曾志在晚年的生活中，保持着近乎严苛的清贫与简朴。但对于党的事业，却非常大方和豪爽。她和女儿陶斯亮把陶铸留下的稿费、公债，连同平反后组织上补发的抚恤金，一分都没有要，全部交公。

有人对她们母女说："你们收入并不多，留下一点备用也好呵！"对此，曾志说："我想，我们这样做，一定更符合陶铸同志的意愿。克己奉公、艰苦朴素，也是陶铸同志传下的家风。……有时，手头是感到紧一点，但，只要精打细算，日子还算过得去。"

曾志临终前，让女儿帮着清理存款和现金。80多只信封（工资袋）里，存放着多年省吃俭用留下的工资。对这些现金，她再三叮嘱陶斯亮："一定不要扔掉那些信封，因为它们可以证明这些都是我的辛苦钱，每一笔都是清白的。"

一如陶铸松树般的风格，生活简朴的曾志，把一生积蓄都捐给了党组织。她说："共产党员不应该有遗产，我的子女们不得分我这些钱。""要将钱交中组部老干局，给祁阳和宜章贫困地区建希望小学，以及留做老干部活动基金……"除了捐赠自己省下的全部工资，还把自己尚待出版的著作版权，也赠给了老干部局，希望稿费所得能为外地来京看病的老同志做些补贴之用。

至今，这80多个信封，还陈列在中组部部史部风展厅里。陶铸在蒙冤被困时曾写下《赠曾志》一诗，其中"心底无私天地宽"一句，不正是这一对革命伉俪"坦荡为公、毫无私心"家风家教的鲜明写照吗？

张建军

# 谭震林"约法三章"

老一辈无产阶级革命家谭震林一生弘扬党的优良传统，严格要求自己，不搞特殊化。他从不用权力谋私利，也没有要求组织对其亲属加以照顾。从其制定的"约法三章"中，可以看出他坚持原则、严于律己的高尚品质。

新中国成立后，谭震林长期担任党和国家重要领导职务。他经常到下面视察，了解基层情况。每次动身前，他都要"约法三章"：不准搞迎送，不准搞接风洗尘，不准随从人员购买内部物品等。

一次，谭震林到南方视察。在视察三亚和海口途中，地方领导得知他在井冈山生了一场大病，没有完全恢复，身体仍很虚弱，就加派医务人员、警卫人员照顾。一天晚上组织看电影，谭震林见院子里坐满了看电影的人，就问工作人员："这些都是什么人？"得知是为他加派的医护人员、警卫人员和汽车司机后，他生气地说："这还了得，这不是什么保卫工作，把我们看得那样特殊，我算什么？用得着这样大的声势。这个地方不能住了，明天就走。"

谭震林是湖南攸县人，有时家乡有人带些豆腐乳、辣椒、腌姜之类的特产送给他。他总是告诉家乡人不要带东西，推脱不掉的就坚持付钱。一次，攸县物资局的工作人员来京，给他带了一小桶菜油、一袋大米，他不仅付了钱，还在后来到攸县考察时，当面批评了物资局长，强调以后不要再送东西给他。

谭震林不但严格要求自己，也同样严格要求子女亲属，绝不容许子女亲属利用他的威望拉关系、走后门、搞特殊。1949年，他的胞弟找他借公款做生意，他严厉地说："我是浙江省人民政府的主席，不是谭家祠堂的主席。我要为国家、为广大人民群众办公事，而不能为自己的家、为自己的兄弟办私事。"

三年困难时期，谭震林听说家乡有亲友向组织伸手要物资，便立即给攸县县委写信："有人利用我的名义，向你们要东西，批供应物资，这种行为是犯法的。你们必须立即制止！不管他是谁，也不管他有什么特殊需要，都必须按照国家规定的制度执行，谁都无权违反国家制度批东西给任何人。"

谭震林一生清廉，两袖清风。他去世后，孩子们打开他的衣橱，竟然找不到一件满意的衣服为他穿戴，几乎所有的内衣都是缝补过的，只好临时买了一块普通的白棉布，赶做了一套内衣。

王林育

# 从严治家的黄克诚

"天下之本在国，国之本在家，家之本在身。"对领导干部来说，家风不仅关系一身之进退、一家之荣辱，更关系党风、政风、国风。开国大将黄克诚一生克己奉公、从严治家，深刻诠释了这个道理。

1941年，在阜宁抗日民主政府县长宋乃德撮合下，黄克诚和唐棣华结婚。他们没有举行任何仪式，也没有摆喜宴，只向几个好朋友打声招呼，就算结婚了。婚房是简陋的临时住房，连个大红喜字也没贴，床上摆着破旧的军用被褥。新婚夜，黄克诚就和新娘唐棣华"约法三章"，他一脸严肃地说："我们都是共产党员，都得把党的利益放在第一位，不能因为婚姻的利益而妨碍党的利益，不能因为私人的利益而损害党的利益。"婚后第二天，唐棣华就到阜宁县修筑海堤的工地上参加劳动了。

1949年，南征北战的日子结束了，黄克诚与阔别五年的妻儿团聚。他对妻子说："棣华，今后孩子们就和我们生活在一起了，条件比过去好了，但一定要记住，我们是党的高级领导干部，高级干部的家风影响着党风政风。我们的一言一行对子女、对周围的人都会产生影响。"黄克诚给家里定了两条规矩：一是不准动用公家的汽车办私事；二是不准向公家伸手要照顾。由他带头，全家遵守，从未逾矩。黄克诚的女儿曾回忆："父亲和母亲用一种信仰的力量规范自己的言行，律己和治家一向是比较严格的。"家中一切从简，不搞特殊化，大家自己缝制衣服、种蔬菜，即便孩子生病发烧，也都是坐三轮车去看病，绝不公车私用。

黄克诚晚年眼睛不好，上下楼不方便，组织便安排他到南池子的一处平房小院居住。由于房子年久失修，毛病很多，管理人员准备将房子修缮一番。可当黄克诚了解到高昂的维修费时，便拒绝了。直到他去世，这所房子也未曾大修。他患有严重的气管炎，组织建议他去南方休养，他也断然拒绝："我一出去，就要带一帮人陪护，那要花公家多少钱！还要给地方添很大麻烦。去不得，不能去！""即使浪费一分钱，也愧对老百姓。"

在党的十一届三中全会上，黄克诚当选为中央纪律检查委员会常务书记。虽然他双目几近失明，但仍抱病工作，积极推动拨乱反正，大刀阔斧地平反冤假错案。此时他自己因庐山会议所受到的错误处分尚未彻底平反，很多人为他鸣不平，他却坦然地说：作为一名共产党员，个人在党内受点委屈不是什么了不起的事，这比起我们为之献身的共产主义事业来，实在微不足道。在党的历史上，有一些好同志含冤死去，他们连全国胜利这一天都没能看到，比起那些同志，我是幸运者。

1986年，黄克诚病重住院，他感到生命即将落幕，便拒绝治疗。医护人员百般劝说，他仍然坚持，说道："我已经不能为党工作了，请你们不必为我浪费国家钱财了，把药留给能工作的同志用吧。"他反复强调："我这样一个油尽灯枯的人，为人民做不了什么，为什么还要花费人民的钱财来治病？"医护人员听闻后无一不感动落泪。夫人唐棣华理解黄克诚，面对医护人员的劝说，她告诉他们，黄老就是这样的人，还是随他的愿望好。1986 年 12 月 28 日，黄克诚因病医治无效在北京 301 医院逝世，享年 84 岁。

心中有信仰，脚下就有力量。黄克诚的一生，心中所思所想唯有党和人民，他用信仰的力量走出了一条淡泊名利、克己奉公的路。这条路，他走得坚定而从容；这条路，使得一个家温暖而充满正气；这条路，我们要沿着它坚持不懈地走下去。

孙 迪

# 振聋发聩的耿飚之问

耿飚曾作为八路军三八五旅参谋长、副旅长率部驻守甘肃庆阳，保卫党中央和陕甘宁边区，和当地群众结下深厚的革命情谊，对这块革命黄土地充满感情。1991 年，已从领导岗位退下来的耿飚决定赴革命老区，看望曾经血脉相连并肩战斗过的陇东人民。"耿旅长回来了"的消息，很快传播开来，大家奔走相告。当晚，耿飚所住的县招待所门口人声鼎沸，老百姓从四面八方赶来看望他，但也有一部分群众是来找他告状的，怎么劝也不愿离去……看到这种情景，耿飚心情十分沉重。在离开庆阳那天早晨，耿飚接见了县里主要领导，到场的还有甘肃省顾委负责同志。耿飚并没有就老百姓反映的问题批评任何人，只是现场给大家讲述了一段催人泪下的革命故事：

50 年前，我们三八五旅在这里驻防时，部队的一个战士犯了严重错误。旅部决定按纪律将该战士枪毙。当我们在操场上准备执行纪律时，来了一大群老百姓替那个战士求情。我坚决要执行纪律。谁知竟连受害者的父母都跪倒在地向我求情，紧接着一操场的群众全都跪倒，哭着请求饶了这个战士，让他戴罪立功。怎么劝他们也不起来。最后，我们流着泪接受了群众的请求。

讲到此处，耿飚话音一顿，环顾四周，大声问道："现在我要问问今天在座的你们这些人，不管哪一个，如果做错了事，老百姓还会不会替你们求情？"这时，全场鸦雀无声，只有耿飚的话在回荡。

"老百姓还会不会替你们求情?！"耿飚之问，振聋发聩，使在场的干部受到强烈震撼，犹如被猛击一掌。今天，重温革命故事，反思耿飚之问，同样值得领导干部深思和警醒。耿飚用震撼人心的革命故事阐明了一个道理：只有我们把群众放在心上，群众才会把我们放在心上；只有我们把群众当亲人，群众才会把我们当亲人。

文世芳

# 正人正己的女干部钱瑛

20 世纪 50 年代中期，咸宁百年老字号"荣恩堂酒坊"正在进行社会主义改造。是时负责此工作的马桥区领导，错误理解中央政策、工作简单粗暴，不顾群众请求，坚决要摘掉"荣恩堂"招牌，在当地造成了负面影响。1957 年 4 月，回咸宁调研的钱瑛知道这件事后，找到这位"将军书记"，说明中央政策里没有砸掉老字号的规定，要求他停止砸牌行为，最终将"荣恩堂"保留下来。作为中国共产党优秀的女干部，钱瑛曾担任中央纪律检查委员会副书记、中央监察委员会副书记等职。她为人刚正不阿，处事公正无私，在工作和生活中，始终保持着革命战争年代那种艰苦朴实、清正廉洁、公而忘私的思想作风，深受人民的爱戴。

为了维护党和人民的利益，钱瑛经常深入各地调研、指导工作。1954 年夏，她带领工作组到东北地区考察，对三省六市 20 多个主要工矿企业的纪律检查工作、党组织和党员干部思想情况及执行国家生产计划进行调研。在调研中，钱瑛发现部分工矿企业存在党委领导干部包办代替厂长行政工作、忽视党的政治思想领导，干部中弄虚作假、骗取荣誉，一些厂矿长期不团结、生产无人负责等一系列问题。为了纠正不良倾向、贯彻党的政策、组织好日常生产，钱瑛向中央报告情况，并建议加强党在工矿企业中的政治思想领导、改善党组织的工作方法。这份报告得到了中央的重视，很快得到批示采用。

钱瑛从不允许自己的亲属利用她的关系要"照顾"，叮嘱秘书不能瞒着她给自己的亲戚帮忙。她常常教育侄子们："我是共产党的干部，不是国民党的官，你们对外不要谈我和你们的关系，不要要求照顾。"单位给钱瑛配的专车，她从不私用。她的姐姐从湖北来京探望她，临走时，司机和工作人员建议用车送姐姐去火车站，钱瑛不同意，坚持把姐姐送上了公交车。在中南局工作时，钱瑛的姨外甥童定一每周都去看望她们。某次探望结束时，天色已晚，钱瑛的母亲建议让童定一坐钱瑛的车回家。钱瑛不赞同，自己拿出三毛钱给童定一，说"这车是公家的，是给我办公事用的，你不能坐"，坚持让童定一坐客车回家。

"持躬不可不谨严，临财不可不廉介。"钱瑛长期担任党和国家的纪律检查和监察机关的领导工作，秉持着严肃慎重的原则，铁面无私、鞠躬尽瘁。尽管身居高位，但她尤其注意个人言行，坚持"正人必先正己"，不负党的监察战士的光荣称号，为我们在新的起点上坚持从严管党治党、加强党的建设树立了典范。

刘　颖

# 恽代英：党的两种要素——主义和纪律

1936 年，在陕北的窑洞里，毛泽东向埃德加·斯诺忆述"峥嵘岁月"时谈道：有三本书特别深刻地铭刻在他的心中，建立了他对马克思主义的信仰。毛泽东所说的三本书，其中就有恽代英翻译的考茨基的《阶级争斗》。毛泽东还向斯诺回忆起恽代英的革命活动。这不仅体现了他们在革命斗争中建立起的深厚情谊，更有革命思想的相通共鸣。

1920 年毛泽东提出：主义譬如一面旗子，旗子立起了，大家才有所指望，才知所趋赴。对如何维护主义始终如一得以贯彻，毛泽东后来一言以蔽之——"加强纪律性，革命无不胜"。恽代英则认为："党的两种要素——主义和纪律"，"只有严整的纪律，可以保证团结精神统一意志的行动"。两人不约而同地强调主义与纪律的重要性。

恽代英认为，要维护主义的坚决贯彻执行，则非加强纪律不可。一若无纪律，不能使党员一致服从党，则党虽大而力弱，不能担负革命使命。"假令我们的党员是有纪律的，一个中央部的命令下来，几万的党员便可以同时活动，他们便有能力号召几十万乃至几百几千万的民众；这样，为什么怕全国一致的革命不能成功？"

在强调纪律的同时，恽代英又阐明了纪律对实现主义的重要意义。

恽代英主张纪律面前无特权："没有真正的革命党员是可以不遵守纪律的。没有纪律，就没有统一的团结，就没有力量做任何事情。"守纪律、讲规矩应该人前人后一个样、台上台下相一致，尤其应表现在利害攸关处："党员要守纪律，最注意是在不愿守纪律时能守纪律。如平居无事则高谈纪律，偶有于己不合之处则破坏纪律不顾，如此，则纪律之效完全没有了。"这反映了恽代英坚定的纪律观念。

恽代英尖锐地指出，纪律的维护要靠严密的制度和监督。"谁亦不能担保他的同志'不卖'，而且不能担保他自己'不卖'；然则怎样呢？只有把党的纪律严整起来，把下层阶级宣传组织起来，使他们知道革命的真正意义，使他们能够为自己的利益监督领袖的行动，打倒一切'出卖'救国事业的机会主义家。"敢于承认弱点，勇于接受监督，是一个共产党人的本色。恽代英心底坦荡地说："要问我亦会有时'出卖'救国事业么？我决不昧着良心嘴硬，我每到没有监督裁制的地方，便总有些自己把握不住，所以我为要保证自己'不卖'，亦只有努力求党的纪律加严，下层阶级监督力量的发展。"既强调纪律，又重视监督，在党的早期领导人中，恽代英的这些认识是难能可贵的。

早期革命家用他们的信仰、纪律和理论自觉，用他们的革命实践和鲜血，告诉我们：主义与纪律是革命熔炉中锻炼共产党人品质的特殊原料，是党和人民事业不断推向前进的基因密码。

文世芳

# 刚正不阿"雷青天"

雷经天，1904年6月出生于广西南宁，自小性格耿直，敢于批判旧社会、追求新思想。1925年，五卅惨案爆发，雷经天组织大学同学声援工人斗争，在此期间他加入了中国共产党，走上革命道路。他先后参加北伐战争、南昌起义和广州起义。大革命失败后，受党组织委派回到广西，与邓小平等一起领导了百色起义，创建广西右江根据地，并当选为右江苏维埃政府主席。

雷经天的革命生涯历经坎坷，曾三次蒙冤被开除党籍，但他始终信念坚定，对党忠心耿耿。广州起义失败后，广东省委错误地认为雷经天"临急欺骗潜逃"，作出开除党籍处分。幸亏周恩来及时撤销决议，雷经天重获党籍。1930年，因主张保留部分地方武装保卫根据地，雷经天被戴上"右倾保守"等大帽子，被开除党籍并撤销中共右江特委书记和右江苏维埃政府主席等职务。1931年得到平反，恢复党籍。可是好景不长，由于肃反扩大化，雷经天被诬为国民党改组派，第三次被开除党籍，并被逮捕，解送中央国家政治保卫局。所幸政治保卫局局长邓发曾与雷经天共事，了解其为人，设法为他免除极刑。

长征开始后，雷经天被安排在中央干部连当战士，做着最普通的工作，每天背着沉甸甸的大铁锅行军打仗。一位战友见状劝他：甩掉黑锅，回广西去。他答道：留在广西，我个人身体上的黑锅是放下了，但因我受牵连的人就会背上更重的黑锅，问题会更复杂。我相信党，相信历史一定会还我一个清白。1935年，中央党务委员会同意雷经天重新入党。1945年6月，中央组织部决定恢复他1925年5月以来的全部党籍。十几年的冤屈终得昭雪。

雷经天不仅是一位优秀的革命家，还是中国共产党法治建设的重要创始人之一。1937年，陕甘宁边区高等法院在延安成立，雷经天先后担任庭长、院长等职。10月，发生了红军抗日军政大学第三期第六队队长黄克功逼婚未遂、枪杀陕北公学学员刘茜的案件，担任审判长的正是刚刚走马上任的雷经天。有的同志劝他不要接手此案，以免惹祸上身。但雷经天没有退缩，反而更全身心地投入审案工作。当时有不少同志念及黄克功资格老、功劳大，希望法院从轻处理。雷经天反复斟酌，认为应当依法处理，不能徇情。为此，他特意给毛泽东写了一封信，汇报黄克功的犯罪事实，并写道：共产党应有铁的纪律，共产党员有犯法者应从重治罪，所以必须对黄克功处以极刑。毛泽东很快回信给雷经天，并请他在公审会上宣读。信中说："黄克功过去斗争历史是光荣的"，"但他犯了不容赦免的大罪，以一个共产党员红军干部而有如此卑鄙的，残忍的，失掉党的立场的，失掉革命立场的，失掉人的立场的行为"，应"处他以极刑"。黄克功案引起了强烈反响，成为一次生动的法制教育，更让广大民众感受到中国共产党的法纪严明、以民为本。雷经天面对棘手案件不卑不亢、秉公执法，受到党中央和边区人民的高度赞扬。

之后，雷经天又致力于边区法制建设，提出了"廉洁、明辨、公平、正直、果敢、强毅、详细、谨慎"的工作准则，建立健全司法制度，切实保障人民群众权利，使边区司法工作呈现新局面。老百姓都把这位刚正不阿、足智多谋、和蔼可亲的法院院长称为"雷青天"，说他"办案公道人人夸"。

不论身处顺境还是逆境，不论身居高位还是做个普通战士，雷经天始终保持着坚毅正直的优秀品格，保持着坚定的政治理想，忠于党、忠于人民、忠于职守。雷经天是守初心、担使命的典范，值得我们永远缅怀和学习。

孙 迪

# 刘启耀：腰缠万贯的讨米人

"自带干粮去办公，腰缠万贯讨米吃。"这是江西省苏维埃政府主席刘启耀清正廉洁、克己奉公的真实写照。刘启耀1899年出生于江西省兴国县一个贫苦农民家庭，早年做过长工，1928年加入中国共产党，1933年12月被选举为江西省苏维埃政府主席。作为当年苏区干部的典型代表，刘启耀留下许多感人至深的故事。

他是"十二分节俭主席"。刘启耀任江西省苏维埃政府主席时，要求各级机关为革命厉行节约，"一切费用要十二分节俭，不急用的费用不用，要用就要节俭；不要浪费一文钱、滥用一张纸、多点一盏灯、乱耗一支笔，否则等于革命的罪人。"他以身作则，一张起草文件的毛边纸用了再用，先写铅笔，后写红笔，再写墨笔，正面写了背面写。由于逢会必讲"十二分的节俭"，大家听多了，便称他为"十二分节俭主席"。

他自带干粮去办公。第五次反"围剿"时，中央苏区被敌人包围，粮食供应紧张。刘启耀每个月坚持回兴国老家背米去省政府办公，不要公家发伙食费。妻子埋怨他当了省主席却连饭都赚不到吃。刘启耀耐心说服了妻子，共产党人当官不是为了发财，而是为穷苦百姓谋利益。后来刘启耀忙得没时间回家背米，妻子还主动挑了两袋米，给他送了过去。刘启耀自带伙食办公的事迹广为传颂，"苏区干部好作风，自带干粮去办公"的当地歌谣流传至今。

他曾腰缠万贯，却沿街乞讨。第五次反"围剿"失败后，中央红军主力实行战略大转移，刘启耀留在苏区坚持游击战争。江西省委书记曾山将一个褡裢交给他保管，里面装有金条、首饰和银元，是中共江西省委的活动经费。在一次率部突围时，刘启耀重伤昏迷，战友穿上他的衣服把敌人引开，最后壮烈牺牲。敌人根据衣服中的证件判定死者是刘启耀，在报刊上大肆吹嘘"击毙伪省苏主席"，一时间我党组织也难查真相，认为刘启耀已经牺牲。刘启耀藏身于山洞中，伤愈后和组织失去了联系。此时的他完全可以隐姓埋名，依靠保管的巨款过上富足生活，然而他却选择不动分文，下山找党。由于敌人封锁严密，刘启耀滞留在遂川、万安一带。他走村串寨，一边乞讨，一边暗中打听党组织的消息，秘密联络失散的苏区干部和红军战士，组织成立了中共江西临时省委。直至这时，刘启耀才将保管的经费拿出，交由临时省委支配。原来，曾乞讨度日的刘启耀竟腰缠万贯，宁可风餐露宿也绝不动公款，同志们对他的崇高品质无不敬佩。

在之后的革命活动中，刘启耀多次被捕入狱，最终在贫病交加中去世，年仅 47 岁。为避免敌人发现他的身份，当地群众只好在墓前立"无字碑"，但他的崇高品质永远铭刻在人们心中。习近平总书记反复告诫全党："为政清廉才能取信于民，秉公用权才能赢得人心。"不管时代如何变迁，我们都要传承共产党人廉洁奉公的优良作风，不忘初心，做党和人民信赖的忠诚干净担当的党员干部。

王婧倩

# 克己奉公的共产党员——赵辉楼

　　无产阶级革命家赵辉楼，1939 年加入中国共产党，曾任太行军区副司令员、山西省军区副司令员、河北省政协副主席等职。他不仅是一位英勇善战的指战员，更是一名不徇私情、艰苦朴素的模范共产党员。

　　1937 年卢沟桥事变后，赵辉楼奋起组建抗日武装，为晋冀鲁豫地区的武装斗争和根据地建设作出了重要贡献。1942 年，抗日战争进入困难时期。日军在赵辉楼家乡建据点，拆了他家房子盖起了炮楼，一家人无家可归，赵辉楼所在部队便把他的家属接到部队去住。当时，赵辉楼已是三八五旅分管后勤工作的副旅长，掌管部队财政。但他对家人不仅不特殊照顾，还让他们带头节粮支援部队。这年春天，因为春荒，部队供应更加紧张，赵辉楼的家属吃完了粮食，不忍心再到供给处领，就向当地老乡借。战士们知道后，就向旅部反映了这一情况。赵辉楼听说后主动找到反映情况的战士们，给他们做工作："咱们的部队在前线打鬼子都吃不饱肚子，我的家属在后方挨点饿算什么？困难时期嘛！"后来刘伯承知道这件事，一次开会时还专门问赵辉楼："现在你家属生活怎么样，还吃不饱吗？"赵辉楼笑着回答："师长甭担心，现在好多了，每顿饭掺点'代食品'都能吃饱了。"

1945年邯郸解放前，赵辉楼的一个亲戚找到他，希望给安排个公事干。赵辉楼听后，严肃批评他："八路军哪兴这一套呢？要干，你就留下当兵打仗好了。"亲戚自知讨了个没趣，只得悻悻走了。

1947年土地改革前，赵辉楼的弟媳找到他，说家里房子被拆后一直没钱盖，借住在别人家里，希望赵辉楼能出钱给家人看病、盖房子。赵辉楼知道自己参加革命十几年，家里老人一直靠弟弟和弟媳赡养，自己没尽到孝心，心中很难过。但他确实没钱，只能给弟媳做思想工作："现在部队正在打仗，我吃穿靠部队供给，哪有钱呢？你回去后，先把咱那头牲口卖掉，再不行就卖点地，先给咱娘看病，盖房子的事以后再说。"临走时，弟媳又提到让赵辉楼给村里写封信，让土改时照顾他们家。赵辉楼不同意，严肃地劝她："我是共产党的领导干部，怎么能搞特殊呢？再说现在老百姓都很苦，哪能光照顾咱一家呢？"

赵辉楼生活非常俭朴，从不搞特殊。抗战胜利后，他所在部队进入西部山区，赵辉楼也上了前线。有一次，他让人给在邢台的爱人捎去一个小包袱，里面是件旧衬衣，领口和两只袖子都已经破得不能再穿了。衬衣口袋里装了一张纸条："衬衣千万不要扔，请缝补再穿。"于是，这件衬衣又被缝补好了捎到前线。而这件旧衬衣，赵辉楼整整穿了15年。全国解放后，赵辉楼已是党的高级领导干部。有一次，他和爱人到北京看病，为了不给组织添麻烦，他不住宾馆，不住招待所，自己租了一间小平房住下。在北京的老战友去看他，劝他搬到机关或部队招待所，他谢绝道："国家刚解放，百业待兴，各方面都需要钱，咱们应该节省一点是一点。"

在 20 多年的革命和工作中，赵辉楼始终保持艰苦朴素、不奢不骄的生活作风，严以律己、克己奉公，这种宝贵的精神风范值得我们学习、继承和弘扬。

刘 颖

# 马永顺："不能在咱们家搞走后门这一套"

半个世纪以来，马永顺这个名字始终是与林业紧密联系在一起的。这位全国著名的劳动模范，新中国第一代伐木工人，在祖国最需要的时代，他只身来到了东北地区的林业局，用一道弯把锯，创造了全国手工伐木产量之最，有力地支援了祖国的经济建设。退休后，他带领全家人上山植树造林，誓要把他采伐的36500多棵树全部补栽上，立志还清"历史欠账"，确保祖国林业资源的有序利用。

早在20世纪50年代，马永顺的事迹就被编入教材，也曾多次受到毛泽东、周恩来、江泽民等党和国家领导人的亲切接见。就是这样一位名震全国的林业老英雄，他常常要求自己的亲属、子女不能以全国劳模亲属的身份自居，更不允许他们打着自己的旗号出去办事，他时常告诫家人："做人要当老实人，说老实话，办老实事"，他既是这么说的，也是这么做的。

1961年，因为在工作中表现突出，黑龙江省铁力市林业局决定任命马永顺为伊吉密林场场长。消息传来，老友们纷纷过来道贺。

这时候，有位相交多年的老朋友悄悄把马永顺拉到一边，请求他帮忙，把自己的儿子安排到林场工作。

马永顺大手一挥，满口答应："没问题，你儿子只要能吃苦，爱劳动，我亲自带着他，教他油锯伐木。"

那位老朋友说："我想把儿子安排到你们场办公室，写写算算，当个干部。你我相交多年，这对你来说不还是一句话的事情，你不会不帮忙吧？"

马永顺搓着他那粗糙的大手，露出了难色："这事我可办不了，我是个场长，场里那么多职工都在看着我，我不能违反规定办事，这个后门我开不了。"

马永顺不给老朋友开后门，对自己的子女也是严格要求。

马永顺的小儿子马春生二十出头，是林业局招待所食堂的厨师。1987 年初，他和一位名叫孙秀琴的姑娘订了婚。这个姑娘高中毕业后还没找到工作，正在家中待业。

"爸爸，你去找一下林业局领导，给你儿媳妇安排个工作吧。"马春生恳求道。

"春生啊，这样做不好。最近林场遇到了困难，木材生产任务逐年减少。局里很多职工都没活干，都在千方百计找出路呢，我哪能去开这个口呢？"

坐在一边的老伴不乐意了，她心疼小儿子和儿媳妇，对着马永顺说："你是全国劳模，找局长、书记好好说说，肯定会给你这个面子，准能给咱家儿媳安排个好工作。"

马永顺摇了摇头："这不行，我不能去求领导，我更不能在咱们家搞走后门这一套。"

谁知道过不了多久，林业局招待所食堂由于经营困难，决定精简人员，马春生也在被精简之列。

这让家里人有点着急了，他们找到马永顺："小孙的工作还没着落，连春生都要被精简下来，这可怎么办。你快去和林业局领导说说，好歹你是全国劳模，这点局里不会不考虑的。"

马永顺还是坚决地摇了摇头，没有让子女利用自己的关系去走后门。

后来，马春生决定自谋职业，和妻子开了一家小饭店。马永顺知道了，十分高兴。他不仅把自己的积蓄拿出来，还利用休息时间到饭店帮忙。

有人问起来，他严肃地说："如今林业资源减少，经济危困，不好安排工作。我儿子儿媳自谋职业，既减轻了林业局的负担，个人也有了生活出路，有什么不好？现在有的人，端惯了铁饭碗，一有困难就伸手向上要这要那，这种风气决不可长。"

在马永顺身上，我们不仅能够看到新中国第一代工人那种顽强拼搏、艰苦奋斗的精神，同时通过他的事迹，也能看到他一身正气、两袖清风的人格风范。这是一位老劳动模范的初心和坚守，也是他留给子孙后代最好的财富。

吕春阳

# 王进喜：一条铁的家规

石油工人王进喜"宁肯少活20年，拼命也要拿下大油田"，以天不怕、地不怕的拼搏奉献精神赢得了"铁人"的称号。"铁人"王进喜也给自己家人制定过一条铁的家规，那就是："公家的东西一分也不能沾。"

王进喜的父亲早逝，他与母亲、妻子、弟弟、妹妹、儿子、女儿一大家10口人生活在一起。为了维持全家生计，精打细算过日子，王进喜让母亲来管账。老太太是勤俭持家能手，钱到了她手里，钉是钉铆是铆，常常一分钱掰成两半花。像王进喜这样的"困难户"，每月按规定可以享受工会30元的"长期补助"，可是他从来没有领过。为了节衣缩食，王进喜勒紧裤腰带，养成了极其简朴的生活习惯。他抽最便宜的旱烟，从不喝酒，下井只带一把炒熟的玉米面。一套工作服常年不离身，破了补，补了破，就连1964年12月26日参加毛泽东主席的生日宴，他穿的都是带补丁的衣服。

王进喜当了钻井指挥部生产队大队长后，手中开始掌握了一定的权力，找他办事的人多了起来。他觉察后，就和母亲商量，并郑重地向全家宣布了一条家规："公家的东西一分也不能沾。有谁送东西一样也不能收。"后勤部门曾趁王进喜不在家把一袋面粉送到他家里，王进喜回来知道后，把妻子王兰英训了一顿，叫她立即送回去，并再次告诉全家，谁送东西也不准收。

有一次王进喜家搬家，来帮忙的工人们发现他们家的炕席破得无法再铺，就商量着去取几张队上搭棚子用剩的席子。当时王进喜不在家，王兰英赶忙拦住他们说："进喜说过，公家的东西不能往家里拿。"工人们只好作罢。那时候，床上的草垫子都是单位发的，不用花钱。工人们就说，席子不让换，草垫子总可以领几个吧！谁知又被王进喜的母亲给拒绝了。就这样，王进喜新家的炕上依然铺着大洞套小洞的破席子，垫着苇草旧垫子。

王进喜患有严重的关节炎。上级为了照顾他，给他配了一台威利斯小吉普车。王进喜自己很少用这辆车，却常常用它来给井队送料、送粮、送菜、拉职工看病、送工人回家。队友们总是笑着说："铁人坐车出门从不空手，只要见路边有钻井工人就拣上。"可是，就这样一辆工人可以坐、队里可以用的"公用车"，王进喜唯独不让家里人坐。有一次，他的母亲生病了。王进喜最孝顺母亲，但还是狠了狠心，让自己的大儿子用自行车驮着老太太去卫生所看病。老太太住院期间，单位送来的糕点她一块都不动，反复地说："进喜说过，公家的东西一分也不能沾。"

在王进喜看来，"不沾公家的东西"不仅指不拿公家的东西，还包括不对家人搞特殊的照顾。王进喜的妻子王兰英，1956年就是玉门油矿的长期临时工。1960年来大庆后，与她情况类似的长期临时工都转成了正式职工，王进喜唯独没去给她办。她一直是家属身份，在队里烧锅炉、喂猪。有人看到王兰英身体不好，想把她安排到缝纫组、理发室或者浴室，找个轻松点的活儿干。王进喜拒绝了，他说："喂猪很重要，她能干好就不错了，不用调岗位。"后来，指挥部一位科长找到王进喜说："大嫂身体不好，要劳动总得找个合适的活儿，咋能喂猪呢？"王进喜却说："你可别小看这喂猪，现在是困难时期，你大嫂喂好猪，咱们多吃肉，这有多重要，多光荣！"

1970年国庆节后，47岁的王进喜因罹患胃癌，病情极度恶化，常常处于昏迷状态。一次在他清醒的时候，王进喜用颤抖的手从枕头下面取出一个小纸包，交给看望他的一位领导。纸包里面是王进喜住院后各级组织补助给他的500元钱，还有一张他亲笔记下的账单，上面写着："住院期间领导和同志们给我送来的钱，请交给组织。我不困难。"直到生命的最后一刻，这位"老老实实地为党和人民当一辈子老黄牛"的铁人，依然信守着他那条"铁的家规"。

王永魁

# 焦裕禄：从不利用权力为自己和亲属谋取好处

河南兰考焦裕禄纪念园庄严肃穆，每年都有许多群众自发地到这里参观，学习这位人民好公仆的模范精神。

焦裕禄，1922 年 8 月 16 日出生在山东省淄博市北崮山村的一个贫苦农民家庭。抗日战争时期，焦裕禄曾被日军关押并被送到抚顺煤矿当苦工。逃离矿区回到家乡后，又因灾情外出逃荒，抗战胜利后才回到老家。1946 年 1 月，焦裕禄光荣地加入中国共产党。1953 年，焦裕禄被调往洛阳矿山机器制造厂参加工业建设，曾任车间主任、科长。1962 年 6 月任尉氏县县委书记处书记。同年 12 月，焦裕禄调到兰考县，先后任县委第二书记、书记。

地处豫东平原的兰考，风沙、内涝、盐碱等灾害对当地农业生产影响极大。焦裕禄到兰考工作的那年，全县的粮食产量下降到了历史最低水平，形势十分严峻。上任前，党组织与他谈话时提到，兰考是一个最穷的县，一个最困难的县，让他在思想上要有经受考验的准备。焦裕禄却说，不改变兰考的面貌，决不离开这里。

从到兰考的第二天起，焦裕禄就深入基层调查研究，他笃信"吃别人嚼过的馍没味道"，为全面了解灾情和风沙、内涝、盐碱形成的原因，在一年多的时间里，他跑遍了全县 140 多个大队中的

120 多个，通过勤走勤看获得了第一手资料，发现其中的问题。兰考县委经过讨论，成立除"三害"办公室，组成"三害"调查队，开展"治沙、治水、治碱"斗争。

面对严重的风沙灾害，焦裕禄带领调查队奋战在一线勘察沙丘和风口状况，用"贴膏药""扎针"等方法把沙丘变绿洲。涝灾发生后，他带头蹚着齐腰深的洪水察看洪水流势。经过艰苦工作，兰考县委拟定除"三害"规划，焦裕禄写下了自己的心声："拼上老命，大干一场，决心改变兰考面貌。"

焦裕禄还十分关心群众生活。风雪铺天盖地的时候，他率领干部访贫问苦，登门为群众送救济粮款。他说："在这大雪拥门的时候，我们不能坐在办公室里烤火，应该到群众中间去。共产党员应该在群众最困难的时候，出现在群众的面前，在群众最需要帮助的时候，去关心群众，帮助群众。"

焦裕禄总是严于律己，从不搞特殊化，从不利用权力为自己和亲属谋取好处。他心里装着全县干部群众，唯独没有他自己。焦裕禄原有肝病，经常忘记打针吃药。1964 年起，他的肝病越发严重，焦裕禄为了坚持工作，总是用毅力克服疼痛。膝盖、铅笔等都是他用来压迫止痛的工具，他办公坐的藤椅上，右边被顶出了一个大窟窿。3 月，焦裕禄不得不服从组织安排转到开封医院治疗，离开前，他还写下《兰考人民多奇志，敢教日月换新天》的文章提纲，其中充满着他对兰考的热爱。

经过多次治疗会诊，焦裕禄被确诊肝癌。有人来看望他时，他总是强忍病痛，但一谈起县里的情况就精神焕发，病情危重时还不忘嘱咐县委同志把那篇他没有写完的文章写完。1964 年 5 月 14 日，焦裕禄病逝。在生命的最后时刻，他说："我死后只有一个要求，要求组织上把我运回兰考，埋在沙堆上，活着我没有治好沙丘，死了也要看着你们把沙丘治好！"

百姓谁不爱好官？把泪焦桐成雨。焦裕禄带领干部群众治理风沙、内涝、盐碱"三害"，用实际行动塑造了优秀共产党员的光辉形象，他的崇高精神是人民心中一座永不磨灭的丰碑。

成　靓

# 孔繁森：勿以恶小而为之

孔繁森酷爱读书，在他的案头常摆着一部西晋陈寿所著的《三国志》，其中有一句话被他用钢笔深深地画了一道线，那就是著名的"勿以恶小而为之"。这句话，既是他的座右铭，也是他给家人留下的好家风。

1975 年，孔繁森任聊城地委宣传部副部长。这一年的冬天，聊城长途汽车站管宣传的工作人员李保林正在进行安全检查，正好碰见了准备回堂邑探亲的孔繁森。因为工作关系，二人早就是熟人了。

李保林看到孔繁森正准备上车，就埋怨说："老孔，你怎么又自己排队买票，你打个电话，我给你留一张嘛，省得你大冷天还跑过来买票。"

孔繁森笑着说："我自己回家看老人，又不是出门办公事，怎么能搞特殊呢。"

正说着，车上传来一阵哭声。原来是一位老人要到邯郸去看儿子，没想到把车票弄丢了，要买票已经来不及了。孔繁森听到，立刻把自己的位置让给老人，还帮老人补了从堂邑到邯郸的车票，自己却下了车。

孔繁森不仅对自己严格要求，对亲戚和子女也是一样。

1981年，孔繁森从西藏回到山东，担任了莘县县委副书记。他刚开始工作没多久，就有一位老家亲戚找上门来，想让孔繁森给批个条子，从公家的木材仓库里拿出半方平价木材，准备给新婚的儿子打点家具。

孔繁森听后，思考了一下，十分认真地对来人说："不是我不帮忙，只是这木材都是国家计划内的，我虽然是县委副书记，但是我也没权力随便去动公家的东西啊。"

亲戚听了有点不高兴："繁森，你现在好歹也是一个副书记，这点事都办不了？"说完，气呼呼地坐下了。

孔繁森一边示意来人喝水，一边诚恳地对他说："不是我办不了，而是我不能办。正因为我随便写个条子就可以弄出木材，所以我才不能写。当共产党的官，好事一定要带头去做，违反纪律的事一定不能做。"

说完，孔繁森从兜里掏出了300元钱塞过去："亲戚结婚，我也不能没什么表示，这300块你拿着，算是我的贺礼了，不够的话打个电话过来。但批木材这事我真不能办，谁让我是一个共产党员呢。"

孔繁森的儿子孔杰还记得一件事：有一年，为了监督儿子孔杰好好读书，孔繁森把儿子从老家聊城接到了莘县，放在了自己的身边读书。

有一次，孔繁森工作之余准备检查孔杰的作业，当孔杰把作业本递过来的时候，孔繁森发现本子上写着"工作记录"四个字。

他立即严厉地问道："这本子你从哪里弄来的？"

"是财务室的会计送给我的。"

听到这里，孔繁森十分严肃地对孔杰说："公家的东西我们一分都不能沾，如果从小就占公家的便宜，长大恐怕是要当贪污犯的呀！你没有笔记本，我给你买，以后不许你再拿单位的笔记本、铅笔什么的！"

孔繁森担任领导干部期间，经手的项目钱款数以百万计，但是他从未私自动过一分钱。他的侄子结婚想找他买凭票供应的自行车，亲戚找他买平价化肥，外甥复员回乡找他安排工作……他一件事都没答应过。

他有很多亲戚在农村，可是他没有利用权力给任何一个人办过任何违反规定的事情。就连爱人的工作，他也没有利用权力去关照。

孔繁森的爱人根据政策进城后，先安排在粮店，后来又进了印刷厂当工人，天天和污染极大的油墨、铅粉打交道。可是直到孔繁森去世，他的妻子也没有调动工作。

孔繁森用他的实际行动，践行了"勿以恶小而为之"的座右铭，更是为家中带去了这一值得传承的好家风。正如孔繁森所说的那样："我们共产党员应该廉洁自律，拒腐蚀，我们应该像冰山雪莲一样高洁、纯贞、壮美！"

吕春阳

# 朱彦夫：咱家绝不容许再有一个"特"字

　　朱彦夫，山东省沂源县西里镇张家泉村原党支部书记，"人民楷模"国家荣誉称号获得者。他历经淮海战役、渡江战役、抗美援朝战争等上百次战斗，在朝鲜战场上受伤致残，动过47次手术，失去四肢和左眼，成为蜷在床上的"肉轱辘"。这名十次负伤、三次荣立战功的特等残废军人，没有安享优抚，而是拖着重残之躯回到家乡，担任村支书25年，带领群众治山治水、脱贫致富，把一个贫穷落后的山村变成了山清水秀的富裕村。他身残志坚，用残肢抱笔，历时七年创作两部自传体长篇小说《极限人生》和《男儿无悔》，被誉为"中国的保尔·柯察金"。

　　朱彦夫的家教，在张家泉是出了名的严。朱彦夫为人公道、铁面无私，心里始终装着别人，却唯独没有自己。他不止一次对家人说："咱家有特等残废这一个'特'字就够了，绝不容许再有一个'特'字——特等公民！"儿女们说：有父亲在，谁也别想占集体的便宜。四女儿朱向欣六岁那年，跟奶奶到山上拔猪草。生产队的一位大婶瞧见了，随手掰了几个玉米棒，非要让小向欣尝个鲜。朱向欣清楚地记得，父亲当时发了脾气，逼着她把玉米送回去。"我觉得没偷没抢的，干吗要送回去啊，父亲的拐杖敲得当当响，说

'集体的东西，谁也不能占便宜'，我只好哭着把玉米送了回去。"

对自己的亲人，朱彦夫"无情"得近乎苛刻。打从跟了他，妻子陈希永就没享过福。上有老婆婆，下有六个孩子，加上照顾丈夫，她天天忙得团团转。朱彦夫当上支书后，陈希永的活儿更多了，但生产队里她几乎没缺过勤，就是怀孕期间也没落下。儿子朱向峰打小就看见，母亲没有闲的时候，干活吃了不少苦，推车时常常连人带车翻到一边。"后来才明白，不是父亲不心疼母亲，而是要给乡亲们一个交代，在乡亲们面前说话有底气。"

朱彦夫爱乡亲们胜过爱自家人，家人们对此理解并支持。有一年陈希永回老家探望老人，回来时捎了两大筐咸鱼。那个年代缺吃少喝，这样的美味难得见到，孩子们馋得直流口水。朱彦夫一看乐了："快过中秋节了，村里啥都没有，正好把咸鱼分给大家过节。"他让妻子把咸鱼分成58份，留下一份给娘和孩子们尝尝鲜，其余57份给各家送去。送到最后却傻了眼：少算了一户。陈希永只好从家里那份中取出两条大的，送到了最后一户家里。那年中秋节，家家户户飘着鱼香，朱彦夫一家九口围着一条小鱼，谁都不舍得动筷子。

是铁汉，却也最柔情。孩子们开始不理解父亲，直到成家立业、为人父母后，才慢慢读懂父亲藏在心底的爱。1996年7月，在自传体小说《极限人生》出版的那天，朱彦夫在一本书的扉页上写下所有牺牲在朝鲜战场的战友名字，双膝跪地将其点燃，告慰战友们的在天之灵。他又把六个儿女召集到身边，在书上签上自己名字："以前一心只顾村里事，对你们关心不够，连结婚都没有像样的东西。这本书算是爹给你们补的嫁妆吧！"

刘贵军

# 杨善洲：给子孙后代一个清清白白的人生

　　杨善洲出身贫寒，历经磨难，他一辈子为人民办实事，办好事。他身居地委书记的高位，兢兢业业，勤勉为政，清正廉洁，对自己和家人要求严格。退休后，他毅然放弃了到省城安享晚年的机会，回到家乡保山市施甸县，扎根大山，带领当地百姓植树造林5.6万亩，并且将林场无偿捐给国家。杨善洲不仅给家乡人民留下了一片郁郁葱葱的森林，还留下了值得代代相传的好家风。

　　杨善洲常说："我手中有权力，但它是党和人民的，只能老老实实用来办公事。""老老实实做人，踏踏实实做事。我不图名，不图利，图的是老百姓说没白给我公粮吃。"

　　他是这么说的，也是这么做的。有一次，杨善洲的母亲病了，他急忙从工作地点赶回家，到家时已经是深夜，他服侍母亲喝了药躺下后，又要连夜赶回单位。当时正值雨季，外面下大雨，杨家的房子也在漏雨，而且家中竟然找不到一双雨鞋。为了不在湿滑泥泞的地上摔跤，杨善洲只能拿包谷壳包鞋。

　　面对妻子的埋怨，他恳切地对妻子说："家里的困难我都知道，再困难也要想办法度过。现在很多老百姓的日子还比较困难，我是共产党的干部，国家给了我另一个'饭碗'，那个碗里剩下的，只能还给国家，还给百姓，因为这是老百姓的血汗。一句话，我当这个官，是为大家当的，不是为家里人当的。我没有钱，你们要克服困难，漏雨了就买几个盆接一下。"

杨善洲退休后，依然保持着这种清正廉洁的本色。2002 年，杨善洲的老伴生病，要去保山看病，可是大山里没有汽车，迫不得已借用了一次林场的公车。

刚回到林场，杨善洲立马找到林场会计，二话不说就拿出 320 元交给会计，说："我用了公家的车，我交油钱。"

会计说："老书记，就算包车也没有那么贵，从林场到保山哪里要得了 320 元油钱？再说您平时不乱花公家一分钱，这次我看就别交了。"

杨善洲急了，他说："我当地委书记的时候，办私事也是要给钱的。作为共产党员，凡事要讲原则，正人先正己，自己正了，才可以批评别人。"

会计不得已，才勉强收了这 320 元油钱。

后来，杨善洲在日记本里写道："我的家属子女坐林场配给我的车要付车费，为什么呢？购买车子是办公用的，不是接送家属子女的。不在领导岗位了，原则仍然要坚持。"

杨善洲坚决不允许家里人利用他的身份去搞特殊。1970 年，杨善洲的妻子刚刚生下了三女儿，正在坐月子，可是家中没有粮食了，一家人只能靠野菜掺着杂粮勉强度日。

乡里知道了这个情况，急忙送去了 30 斤大米和 30 斤粮票，后来杨善洲知道了，责怪妻子说："我是共产党的干部，我们不能占公家一丝一毫的便宜，领导干部的家属更不能搞特殊！这大米和粮票要攒了还给公家。"后来过了大半年，杨家才攒够了这些大米和粮票，还给了乡里。

还有一次，妻子的妹妹家里要盖房子，想要从姐夫这里讨点木头，他坚决地拒绝了，要求他们去申请砍伐证，不料妻妹一家砍伐时不小心超出了批准范围，要罚款 1500 元。杨善洲二话不说让妻妹缴纳罚款，丝毫不通情面。

还有，当代课教师的小女儿想报考警察，想让他找找老下属、老同事关照一下，他硬是不打招呼，不走后门。

杨善洲表面上对自己家人严厉，其实这饱含了对家人深沉的爱。他知道，只有从自身做起，坚持原则，坚持党性，在家中涵养传承优良家风，才能给子孙后代一个清清白白的人生。

吕春阳

# 王瑛："从没得罪纪委书记这个称号"

"我知道我得罪了很多人，但我从没得罪纪委书记这个称号！"这是四川省南江县原县委常委、纪委书记王瑛说过的一席话，这位痴爱枫叶红、一身傲骨的纪委书记，用对党的绝对忠诚和对人民质朴的爱，生动诠释了一位"女英雄"的不平凡人生。

王瑛，1961年11月出生于四川省阿坝藏族羌族自治州小金县的一个普通工人家庭，1982年6月加入中国共产党，同年从西南民族学院毕业，分配到巴中工作。1997年12月，王瑛开始在南江县任职。

从2000年到2008年，在担任四川省南江县纪委书记的几年时间里，王瑛直接牵头查办各类疑难、典型案件50多起，为国家挽回直接经济损失1000多万元。2003年，上任不久的王瑛就遇到了震动全县的"3·24"案件：一名在"扫黄"行动中被拘留询查的年轻女子在县公安局某派出所留置室上吊自杀，案子经有关部门迅速了结。一个月后，一封举报信转到县纪委，举报派出所某民警在办案中玩忽职守，致人死亡。王瑛立即对此事展开调查，她和同志们日夜奋战，连续五天五夜几乎不睡觉，吃住在办公室，与主要涉案人员反复谈话，掌握了大量第一手材料。面对外界压力，王瑛毫无畏惧："邪不压正。我们是正义的，不怕！"在各级党委和纪委的坚强支持下，真相最终浮出水面，10多名涉案人员全部受到党纪政纪处分和法律制裁。

如何建立起一套行之有效的防范机制，将违纪违法行为遏止在萌芽之中，是长期奋战在纪检监察一线的王瑛一直思考的问题。2002年，南江县发生两起损害经济发展软环境的案件，致使三名客商撤资。经过调查和探索，王瑛提出了纪检监察工作为民服务零距离、干群关系零隔阂、监督监察零空当、案件查处零搁置、再塑形象零起点的"五个零"工作法，改善了南江的投资环境。此外，王瑛还提出设立村级党风廉政建设监督员制度的设想，使村级信访案件占全县案件的比例大幅下降。

王瑛始终把人民的冷暖疾苦放在心上，她说："尽心尽力为群众做事，是我们党员干部的天职。"她曾为全家五口挤在30平方米房子里的抗美援朝老兵四处奔波，购置了一套宽敞的新房；为住房与耕地分隔两岸、每天只能赤脚过河到对岸种田的洋滩村村民协调修建了一座铁索"连心桥"；也曾用自己荣获"全国纪检监察系统先进工作者标兵"的两万元奖金，资助农村贫困孩子读书。

2006年7月，王瑛晕倒在抗旱救灾第一线，经医院检查，发现她已是肺癌晚期。面对病痛，王瑛拒绝了上级组织为她调换工作的好意，以加倍的赤诚和热情扑在工作上，誓要战斗到生命的最后一刻。2008年11月27日，王瑛因过度劳累，病情恶化去世。

"铁骨未必不柔情，诚到至真可化冰；回肠荡气办铁案，有为有位有威行……"这首挽歌让我们看到了女纪检干部王瑛的"铁骨柔情"：一身正气、敢于碰硬，关心群众、一心为民，清正廉洁、克己奉公。她以红叶般的风骨和深情，践行了全心全意为人民服务的宗旨，彰显了共产党人的鲜明本色。

刘　颖

# 无产阶级政党必须实行极严格的纪律

　　纪律建设，是马克思主义政党自身建设的重要内容。列宁曾精辟地指出："要使无产阶级能够正确地、有效地、胜利地发挥自己的组织作用（而这正是它的主要作用），无产阶级政党的内部就必须实行极严格的集中和极严格的纪律。"这一思想，早就被中国早期马克思主义者所接受和吸收。李大钊曾经指出："C 派的朋友若能成立一个强固的精密的组织，并注意促进其分子之团体的训练，那么中国彻底的大改革，或者有所附托。"毛泽东也对蔡和森提出的"党的纪律为铁的纪律"的观点表示"没有一个字不赞成"。1926 年 3 月，他在分析巴黎公社失败的原因时深刻指出："我们欲革命成功，必须势力集中行动一致，所以有赖于一个有组织有纪律的党来发号施令。"这就更为明确地指出了加强党的纪律建设的重要意义。

　　中国共产党之所以不断推进党的纪律建设，也有着复杂而深刻的历史原因。其中极为重要的一条，在于它是党领导革命不断向前发展的必要保证。对此，我们党有着清醒的认识。1922 年 7 月，党的二大明确指出：党组织"要有集权精神与铁似的〈纪〉律，才免得安那其的状态"，"我们的组织与训练必须是很严密的集权的有纪律的"。1924 年 5 月，中共中央执行委员会扩大会议提出："我们的党，在国民革命运动里的总职任及对于幼稚的产业无产阶级之训练和集合其群众的职任，要求数量上及质量上有相当组织。"

作为一个严格遵循列宁建党原则建立起来的马克思主义政党，中国共产党忠实地秉承并发扬了重视纪律建设这一政治传统。这一点，首先反映在党的一大党纲中，它通篇贯彻着党的根本组织原则和领导原则的精神，并初步规定了党的政治纪律、组织纪律以及保密纪律等方面内容。其后，我们党又对这些规定逐步加以修订与完善。作为我们党的第一部党章——二大党章就设置了"纪律"一章。党的五大后通过的党章则明确提出了民主集中制，首次规定在中央和省设立党的专门纪检机构，强化了对党员的纪律要求。

在革命实践中，我们党表现出根据形势发展的需要，不断适时推动自身纪律建设的历史特点。比如，党的三大作出了共产党员以个人身份加入国民党的重要决定。那么，在合作的同时怎样做到不失去党的自身独立性呢？这就需要有纪律约束与相关规定。鉴于此，党的三大明确："我们加入国民党，但仍旧保存我们的组织，并须努力从各工人团体中，从国民党左派中，吸收真有阶级觉悟的革命分子，渐渐扩大我们的组织，谨严我们的纪律，以立强大的群众共产党之基础。""凡党员之行动带有政治意义者，中央执行委员会有严重监督指导之权。党员遇有不得已须在政界谋生活时，必须请求中央审查决定"。以及"在政治的宣传上，保存我们不和任何帝国主义者任何军阀妥协之真面目"。

历史证明，党对纪律建设的高度重视是党的事业不断发展的重要保障。大革命前夕，党内同志对国共两党采取什么形式进行合作意见并不一致。党的三大上，许多代表为此发生了激烈争论。鉴于此，大会专门针对国共合作问题，召开了起草委员会会议讨论，并以少数服从多数的原则，表决通过《关于国民运动及国民党问题的议决案》等文件，确定采取共产党员以个人身份加入国民党的方式实现国共合作。这一按照民主集中制原则通过的决议，得到了全党认真贯彻执行。党的三大之后，党的各级组织服从中央决定，做了许多工作，使得国共合作的步伐明显加快，为大革命的兴起奠定了坚实基础。

汤　涛

# 平凡党员的不平凡誓词

党的十九大胜利闭幕一周后，习近平总书记就率领中共中央政治局常委赴上海党的一大会址，重温入党誓词，沿着早期共产党人的足迹，找寻我们党的精神密码。为什么要重温入党誓词？因为入党誓词体现着我们党坚如磐石的理想信念，是共产党人坚守一生的铮铮誓言。90 多年前，一位平凡党员写下的一份不平凡入党誓词，娓娓诉说着忠诚的革命故事，深深诠释着共产党人的初心。

入党誓词是对党和人民的庄严承诺，是党员必须遵守的行为准则。我们党目前现存的最早的入党誓词，是共产党员贺页朵入党时的誓词。这份入党誓词用毛笔写在一块红布上，只有六句话："牺牲个人，言（严）首（守）秘蜜（密），阶级斗争，努力革命，伏（服）从党其（纪），永不叛党"。誓词主人贺页朵是出生于江西永新县的农民，1927 年参加革命，以榨油职业为掩护，为共产党运送物资，安置、转运伤员，并多次参与攻打永新县城。因表现出色，1931 年 1 月被吸收入党。25 日，在榨油坊里微弱的桐油灯下，贺页朵举起右手，在鲜红的党旗下举行了庄严的入党仪式。他认认真真将入党誓词写在红布上，更写入了他的心坎间。虽然 24 个字中有五个别字，但他对每一个字都有真切领悟，并伴随他漫漫人生。1934 年，在一次伏击战中贺页朵不幸负伤，无法跟红军长征，只能留下来坚持斗争，后与党组织失去联系，但他的心始终与党紧紧相连。他冒着生命危险将这份入党誓词用油纸包好，藏在榨油坊的屋檐下，永志不忘。1951 年，中央赴老革命根据地慰问团来到永新，贺页朵亲手将这份珍藏多年的入党誓词交给组织。

细细观摩这份入党誓词，那一笔一画虽然粗糙，却饱含沉甸甸的赤诚之心；红布已然褪了颜色，可共产党人的初心永不褪色。我们党的入党誓词，在不同时期有不同内容、不同特色，但共产党人对共产主义事业的坚定信念和为革命事业奉献一切的牺牲精神贯穿始终。我们党创造的辉煌历史，正是在无数共产党人的声声誓言和一步一个脚印的践行中实现的。

习近平总书记指出："一切向前走，都不能忘记走过的路；走得再远、走到再光辉的未来，也不能忘记走过的过去，不能忘记为什么出发。"今天，我们回顾历史，重温入党誓词，就是要时刻提醒广大党员干部，在前进道路上不要忘记当初从哪里出发、为什么出发，要不忘初心、牢记使命，为实现"两个一百年"奋斗目标和中华民族伟大复兴的中国梦而不懈奋斗。

孙 迪

# 要切实严格执行党的各项纪律

列宁指出："无产阶级实现无条件的集中和极严格的纪律，是战胜资产阶级的基本条件之一。"作为马克思主义政党，我们党在领导发动和推进大革命的历史进程中，一直强调"严格党的纪律是全体党员及全体党部最初的最重要的义务"，把其看作维护党的团结统一，保证党的事业不断发展的重要保障。至于对不遵守各种纪律的党组织和党员，特别是贪污腐化分子，"如有此类行为者，务须不容情的洗刷出党，不可令留存党中，使党腐化，且败坏党在群众中的威望"。

党在创建时期和大革命时期在纪律建设方面做了大量卓有成效的工作，并积累了丰富经验。

这一时期，我们党对一批违反党内规定，特别是违反党的政治纪律的党员给予了严肃处理。陈公博和周佛海两人在党的早期组织的建立过程中做过一些工作，并作为代表出席了党的第一次全国代表大会。但是，两人很快在工作中犯了严重错误。陈公博在1922年6月陈炯明背叛孙中山、炮轰总统府后支持陈炯明，并拒不接受中央的批评，还私自离开广州赴美留学，被开除出党。周佛海也于1924年脱离出党。沈定一在党的创建过程中同样也做过一些工作，但后来公开参加破坏国共合作活动，反对无产阶级革命，严重违反了党的纪律，因此被开除出党。张国焘也曾为党做过一些有益的工作。但他热衷于搞宗派主义，对党的团结造成严重影响。1923年6月，共产国际驻中国代表马林曾说道：党内组织了一个以张国焘为首的"小团体"。陈独秀也在党的三大工作报告中严厉批评道："张国焘思想非常狭隘，所以犯了很多错误。他在党内组织小集团，是个重大的错误。"正是因为张国焘的所作所为影响恶劣，在党的三大选举中央委员时，张国焘只获得40票中的六票，未能进入中央委员会。

这一时期，我们党还批评处理了一些纪律涣散的地方党组织。随着革命形势的不断高涨，党的组织建设得到了长足发展。但是，一些地方党组织的发展并不尽如人意。1924年5月，汉口党组织在谈及本区组织发展状况时指出："虽共有四十七人，而懂组织与党义的占最少数，同志们不知服从纪律与党纲为党员应尽职责，并忽视小组会议，故意不出席，甚至有成年不为党任事。"1925年10月，中共中央也在《河南报告议决案》中指出："我们同志的数量虽增加了约十倍，但内部教育训练的工作非常缺乏，支部及地委的组织均极涣散没有秘密工作的基础，各地的工作都只有个人的活动。"对这些情况，中共中央除厉行加强党的思想政治教育等方面建设外，在纪律建设方面也着力予以推进。1926年9月，中共中央要求全党："党内工作者的坏倾向如雇佣劳动化与贪官污吏化的分子，自扩大会议后各地均已注意清洗，尚须继续切力注意。"1926年6月至10月间，仅中共太原地委就开除了30多名不合格的党员。中共中央还在发展新党员时，强调一定要坚持标准："介绍新分子加入本党时，须十分慎重选择，凡非对于本党主义策略及党之纪律充分明了其恳切的愿意服务本党者，不必轻率加入"，否则将使"本党的组织日渐松懈紊乱"。

这一时期，我们党还在领导开展各方面革命活动时，严肃执行各项纪律。1922年，安源路矿工人大罢工胜利后，安源路矿工人俱乐部少数职员屡有违反纪律之行为，刘少奇、李立三等领导俱乐部为此制定并严格执行了纪律规定，提高了党在工人群众中的威信。1925年省港大罢工爆发后，为保证罢工的胜利开展，苏兆征等也采取了一系列措施，对违反纪律特别是贪污腐化等不良行为予以严厉处分，收到了较好效果。

这些都对我们今天纪律检查工作的开展，具有深刻的历史启示和重要的借鉴意义。

汤 涛

# 二大党章规定了系统而严明的纪律规矩

　　1922 年党的二大通过的党章，是党的第一部党章，分别对党员、组织、会议、纪律、经费等作出明确规定。大会通过的《关于共产党的组织章程决议案》特别提出："凡一个革命的党，若是缺少严密的集权的有纪律的组织与训练，那就只有革命的愿望便不能够有力量去做革命的运动。"这就阐明了党的建设同党的事业之间的关系，凸显了党的自身建设的决定性作用。党的第一部党章虽然没提出民主集中制这个概念，但从组织制度和纪律上确立了党的基本运行规范，建立起严密的组织体系、确立起严明的纪律，在事实上确立和坚持了民主集中制这一根本组织原则。归纳起来，二大党章对党的政治建设的贡献主要表现在四个方面。

　　一是确立了自上而下的严密组织系统。二大党章把党的组织系统明确为全国代表大会、中央执行委员会、区执行委员会、地方支部、组等五级，规定了各级组织的职责任务和活动方式。党章特别规定"凡有党员三人至五人均得成立一组"，强调"各组组织，为本党组织系统，训练党员及党员活动之基本单位，凡党员皆必须加入"。这既明确了党的基层组织的重要地位，又明确了党员个人与组织之间的关系，其原则精神为此后历部党章所继承和坚持。根据党章规定，二大选举五名委员和三名候补委员，组成中央执行委员会，作为全国代表大会闭会期间的最高领导机关。随后，各地党组织也按照组、地方支部、区执行委员会的层级，建立起完整的组织体系，为开展党的政治建设提供了基础和依托。

二是规定了系统而严明的纪律规矩。二大党章规定全国代表大会和中央执行委员会是党的最高机关，其决议全体党员必须绝对服从；强调下级机关必须完全执行上级机关之命令，不执行时，上级机关得取消或改组之；区或地方执行委员会不得自定政策，"凡有关系全国之重大政治问题发生，中央执行委员会未发表意见时，区或地方执行委员会，均不得单独发表意见"；规定党的一切会议必须坚持少数绝对服从多数；党员不经中央执行委员会特许，不得加入一切政治党派等。这些严明的纪律规矩，为开展党的政治建设、确保党的团结统一提供了基本准绳。

三是确立了党的组织生活制度。集中对各组、各支部、各区和中央执行委员会的会议作出必须定期召开的规定，确立起会议制度在党的组织生活中的地位。

四是明确了党员的违纪责任。二大党章确定了一律开除出党的六种行为：一是言论行动违背本党宣言章程及大会、各执行委员会之议决案；二是无故连续两次不到会；三是欠缴党费三个月；四是无故连续四个星期不为本党服务；五是留党察看期满而不改悟；六是泄露党的秘密。违纪责任的规定，划出了全体党员在政治纪律、组织纪律、工作纪律方面的底线。

二大党章明确了组织与组织、党员与组织、党员与党员之间的关系和行为准则，初步回答了"如何把自己建设得坚强有力""如何实现初心和使命"这一根本问题，为管党治党提供了根本依据，为党员加强党性修养提供了根本标准，对于开展党的政治建设，维护中央权威，保证把党建设成为团结统一的战斗队伍提供了根本遵循。

穆兆勇

# 党的五大首次提出"政治纪律"的概念

为满足革命斗争的需要，1923 年 6 月，党的三大除决定共产党员以个人身份加入国民党、推动国共合作外，还提出仍要保持共产党组织上的独立性，坚持保存并不断扩大党的组织，严明党的纪律。

党的三大通过的党章修正案在继承二大党章基础上，根据革命形势的发展、党员数量的增加和革命工作的需要，对党的纪律规定进行了调整，主要体现在严格入党门槛、强化组织纪律、建立财经纪律等方面。例如，党提高了对入党介绍人的要求，确立了候补党员制度，并将党员入党的审批权下沉到地方委员会。

相较三大而言，党的四大更重视组织纪律建设，重视对党组织、党员的日常监督管理。从党章视角来看，四大党章在继承三大党章的内容与结构基础上，作了局部调整和修改，主要涉及党支部的成立条件、党员权利和义务的细化与规范、党员管理权限的下沉等。这些都是党的组织纪律动态发展的重要例证，反映出党的纪律规范通过不断发展演变以更加符合革命形势和党的发展需求的内在逻辑。

1927 年，党的五大通过的《组织问题议决案》明确提出："党内纪律非常重要，但宜重视政治纪律。"这是党在历史上首次提出"政治纪律"的概念，与当时的革命形势以及党员队伍的发展状况密切相关。北伐战争开始后，随着工农运动的大发展，党的队伍迅速发展壮大，到党的五大召开时已拥有五万多名党员。在这种情况下，要使党成为有凝聚力、战斗力的布尔什维克党，必须重视加强纪律建设。四一二反革命政变后，国内革命形势发生重大变化，党面临着革命向何处去的问题。在此紧要关头，党内又出现了以陈独秀为代表的右倾机会主义错误，共产党人面临着更加复杂严峻的考验。在这种大背景下，党突出强调政治纪律，强调维护党的政治路线和中央权威的重要性，以避免党员犯政治错误。

党的五大对政治纪律的强调在 1927 年 6 月中央政治局会议通过的党章修正案中也得到体现和深化。例如，五大党章规定，违背"党的共同意志"的党组织、党员皆须接受处罚；党员未经许可不能有多重党派身份，入党前应正式脱离其他政治党派，入党后不得加入其他政治党派。这表明，党根据革命形势进一步丰富发展了政治纪律的内涵，要求党员必须严格遵循党的政治路线和维护中央权威，不允许有破坏党的团结的行为。

黄冰琼

# 大革命失败后党的纪律建设内涵的拓展

　　1927 年大革命的失败使中国革命陷入危急形势，共产党人遭到国民党反动派的残酷镇压，革命力量损失惨重。面对严重的白色恐怖，我们党更加重视严肃党的纪律以在极端艰难的斗争环境下保存组织、开展工作。大革命失败后，根据革命形势的变化和党的建设需要，党不断拓展党的纪律建设的内涵，使其更具规范性、操作性、严肃性。

　　一是细化保密纪律。为应对国民党的残酷镇压，最大限度地保存党的力量，1927 年 8 月党中央召开紧急会议审议通过《党的组织问题议决案》，决定将党组织由公开转入秘密状态，并强调严格的保密纪律是秘密状态下党的工作的基本条件，任何破坏保密纪律的行为都应严惩。11 月，中央临时政治局扩大会议通过的《最近组织问题的重要任务议决案》对保密纪律作了详细规定："秘密机关的地址，绝对只准在工作上必须知道的党员知道"；"保存秘密文件的数量应当减到最少限度，绝对不容保存党员的名单和地址单"；"通信上必须用密码的方法"。这些具体规定为秘密状态下党的工作顺利开展提供了保障。

二是调整组织纪律。1928 年 7 月，党的六大通过的党章对党的组织纪律、组织原则和组织制度作了较大调整。例如，规范入党资格、入党程序和手续，取消"候补党员"制度，使党员发展更符合党转入秘密斗争的实际；将民主集中制确立为党的组织原则，有利于纠正当时党内存在的家长制和极端民主化两种倾向；对各级党组织开会的频次作了详细规定，有利于规范党组织内部的工作制度；调整党员退出机制，规定连续三个月无故不交党费者为自愿脱党。这些调整和变化有利于增强全党的组织观念和纪律意识。

三是提出群众纪律。秋收起义失败后，以毛泽东同志为主要代表的中国共产党人领导党和红军从城市改为向山区农村进军。斗争环境的改变导致红军中的党员结构发生变化，"红军成分，一部是工人、农民，一部是游民无产者"，其中农民和俘虏居多。这样的党员构成，使陈旧的、腐朽的思想不同程度地反映到红军中来。为端正党纪军纪，毛泽东在总结群众工作的经验教训基础上，逐步提出"三大纪律八项注意"，为处理好红军和群众的关系提供了重要遵循。

黄冰琼

# 中央纪律检查机构是何时建立的

中国共产党成立后，高度重视党内监督和纪律检查工作。党的一大确立党的建设各项重大原则，党的纪律规定"地方委员会的财务、活动和政策，应受中央执行委员会的监督"。党的二大通过的第一个党章，党的三大、四大修正后的党章，均设有"纪律"专章。

从党的五大开始，正式建立中央纪律检查机构。1927 年 4 月 27 日至 5 月 9 日，在武汉举行的党的五大决定成立中央监察委员会，选举中央监察委员会成员，标志着中央设立纪律检查机构的开端。

需要说明的是，中国共产党第一次成立的中央监察委员会的十名成员，都是忠诚党的事业的坚定分子。在空前激烈的革命斗争中，有七名成员英勇牺牲，没有一人叛变投敌。

随后，党的六大设立中央审查委员会，党的六届五中全会设立中央党务委员会，党的七大通过的党章专设"监察委员会"一章。中华人民共和国成立后，中共中央作出关于成立各级纪律检查委员会的决定，党的全国代表会议通过关于成立各级监察委员会的决议。"文化大革命"时期，中央监察委员会被撤销。

党的十一届三中全会实现新中国成立以来党的历史上具有深远意义的伟大转折，决定成立中央纪律检查委员会，陈云为第一书记，邓颖超为第二书记，胡耀邦为第三书记，并选举了中央纪律检查委员会常务委员和委员。党的十二大通过的党章规定，党的各级纪律检查委员会由同级党的代表大会选举产生。这一规定，延续至今。

薛庆超

# 南昌起义背后的保密故事

　　1927 年 7 月，党中央作出了在南昌举行起义的决定。周恩来受党的委派，从武汉经九江，秘密前往南昌组织领导武装起义。

　　在白色恐怖下行动，需要极端保密。为了确保万无一失，周恩来严守秘密，即便对妻子邓颖超也守口如瓶。多年后邓颖超在回忆文章中写道："要离开武汉的时候，在晚饭前后才告诉我，他当晚就要动身去九江。去干啥，呆多久，什么也没有讲。我对保密已成习惯，什么也没有问……后来还是看了国民党的报纸，才知道发生了南昌起义。"

　　确定起义部署后，我们党根据实际情况，在各部队逐级进行了秘密传达。当时聂荣臻被周恩来派到九江，任务是"通知我们的同志，叫他们了解中央的意图，做好起义的准备"。他在回忆录中写道："我们到九江以后，就一个部队一个部队去传达，因为起义计划是非常秘密的，主要传达给各部队负责同志……告诉他们做好一切准备，一接到中央命令，就立即行动。"

　　周恩来在 7 月 27 日抵达南昌，根据党中央的决定，当天便秘密成立了以他为书记的前敌委员会，负责指挥前敌一切事宜。也是在这一天，叶挺、贺龙率部从九江乘火车，先后到达南昌。自此，起义各项准备工作加紧开展起来。

在起义准备的最后几天，为了保密起见，叶挺、贺龙分别召开会议下达起义决定和战斗任务，并且严格控制了知悉范围。

时任第二十四师政治部主任陈子坚曾经回忆说，叶挺同志于7月30日下午召集第二十四师营以上的干部开了秘密会议，宣布参加起义，并"要求同志们在行动前要绝对保守机密，在行动时要勇敢迅速消灭敌人"。时任第二十四师七十二团三营营长袁也烈的回忆更为详细。他说："七月三十日……国民革命军第二十四师一部分营长以上的军官，上午接到师长叶挺的紧急通知：下午某时在南昌某地开会……会场是临时布置的，远处有卫兵站岗警戒，闲人一个也不许进来，看来会议很机密。"正是在这次会议上，叶挺传达了我党关于起义的决定。

袁也烈还回忆说，那时军队党的组织是极秘密的，团有支部，营有小组，团部批准了战斗计划之后，党的小组讨论了执行计划的办法，对于如何保证战斗的突然性和秘密性，作了周密而具体的安排。第二天下午，全营官兵都接到了黄昏之前出发的通知，但去哪里、做什么，并没有明确。那之后，具体任务也是逐级传达的。据中国社会科学院现代革命史研究室编撰的《南昌起义资料》记载："（部队深夜露营后）首先连长召集三个排长睡在一起，小声小气地谈了一阵；然后排长又和三个班长睡在一起谈了一阵；最后班长照样和战士谈一阵。接着，大家就轻轻地打上绑腿，穿好衣服，扎好皮带；每人左臂缠上一条作为战斗时识别用的白毛巾。这些，全部作得很迅速，很巧妙，然后依旧躺下假睡。"这期间，起义部队还以"会朋访友""移防安营"等名义，想方设法对任务目标进行秘密侦察，以摸清敌人的兵力部署。

　　7月31日深夜，起义部队秘密行动起来。时任贺龙警卫连长黄霖后来回忆道："整个起义军的各部都遵照命令，根据各自的任务，向各个敌人驻地秘密移动，将敌人秘密包围，或秘密接近敌人，占据要点，以便一听到信号，就立即发起冲锋，歼灭敌人。"8月1日凌晨，随着起义枪声的响起，各部队由秘密行动转入对敌进攻，经过四个多小时激战，胜利占领南昌城。

张建军

# "三大纪律八项注意"的来历

　　在中国人民革命军事博物馆展厅里，陈列着一幅写着红军"三大纪律六项注意"的包袱皮。由于年月已久，白布已经泛黄，但上面的字迹依然清晰可辨。这是一件很有纪念价值的文物，因为"三大纪律六项注意"，正是著名的"三大纪律八项注意"的前身。

　　中国人民解放军自建军之始，就极其重视加强革命纪律，这是人民军队区别于一切旧式军队的显著标志。1927年，毛泽东领导湘赣边界秋收起义时，就要求部队官兵对待人民群众说话和气，买卖公平，不拉夫，不打人，不骂人。据《井冈山革命根据地和中央苏区大事纪实》记载："1927年10月23日，工农革命军在毛泽东的率领下抵达荆竹山，王佐派侦探队长朱持柳前往迎接。由于战士们长途跋涉，饥饿难忍，刨了老百姓的红薯吃，违反了群众纪律。毛泽东得知情况后，于次日在荆竹山雷打石上召开大会。要求部队官兵严格遵守群众纪律，和山上的王佐部队搞好关系，做好群众工作，同时提出了人民军队最早的三项纪律。"

　　这里提到的"三项纪律"分别是：第一，行动听指挥；第二，不拿工人农民一点东西；第三，打土豪要归公。1929年以后，毛泽东又将"三项纪律"中的"不拿工人农民一点东西"，改为

"不拿群众一针一线";"打土豪要归公"改为"筹款要归公",后来又改为"一切缴获要归公"。

1928年夏,又提出了"六项注意",分别是:一、上门板;二、捆铺草;三、说话和气;四、买卖公平;五、借东西要还;六、损坏东西要赔。后来又增加了"洗澡避女人"和"不搜俘虏腰包"两项内容。

这就是井冈山和中央苏区时期形成的"三大纪律八项注意"的初期版本。"三大纪律八项注意"逐步成为人民军队纪律建设的基本原则和明确遵循。

全国解放战争时期,由于"三大纪律八项注意,实行多年,其内容各地各军略有出入",1947年10月10日毛泽东起草发出了《中国人民解放军总部关于重行颁布三大纪律八项注意的训令》,对其内容作了统一规定,要求各地各军"即以此为准,深入教育,严格执行",同时也指出"至于其他应当注意事项,各地各军最高首长,可根据具体情况,规定若干项目,以命令施行之"。

这份新修订颁布的"三大纪律八项注意"条文内容为:

三大纪律:(一)一切行动听指挥;(二)不拿群众一针一线;(三)一切缴获要归公。

八项注意:(一)说话和气;(二)买卖公平;(三)借东西要还;(四)损坏东西要赔;(五)不打人骂人;(六)不损坏庄稼;(七)不调戏妇女;(八)不虐待俘虏。

为了搞好这次修订,中央向党内广泛征求意见,毛泽东亲自动手修改。这次修改充分考虑到部队官兵的思想实际,吸收了当时各地现行规定中的合理内容,并提高一步形成了沿用至今的经典版本。这一新颁布的"三大纪律八项注意",内容简单明了、生动贴切，短短几十个字，却切实管用，使人易懂好记，其"将革命军人如何对待人民群众，用最具体、最简要的语言固定下来"，给解放军严整军风军纪提供了统一的内容规定。

自此，"三大纪律八项注意"内容正式确定下来。新中国成立后，1960年9月，在整理出版《毛泽东选集》第四卷时，这份训令被收录，其影响就更加广泛深入了。《毛泽东选集》中特别评价说："三大纪律八项注意"，"是红军以及后来的八路军、新四军、人民解放军政治工作的重要内容，对于人民军队的建设，对于正确处理军队内部关系、团结人民群众和确立人民军队对待俘虏的正确政策，都起了伟大的作用"。

吕 臻

# 把说服教育和严格执纪相结合

土地革命战争时期，由于对当时中国政局的复杂性和中国革命的长期性缺乏充分认识，党内出现了思想和路线错误。受这些错误影响，包括纪律建设在内的党的建设各项事业都受到一定影响。在纪律建设方面，执行过于严苛甚至借党纪搞党内斗争的现象时有发生。

为了尽可能地纠正相关错误，党突出强调要把说服教育和严格执纪结合起来，以团结更多同志。比如，1929 年 7 月，中央在给鄂东北特委的指示信中，对其过去机械地实施强迫纪律，特别是以枪毙这种极端手段来执行纪律给予严肃批评，强调应首先用教育方法指明党员的错误，给予其自我纠正的机会，只有当教育方法无效时，才能在组织上将其停止工作或开除党籍。

1931 年 11 月，中央苏区党的第一次代表大会对纪律执行作了系统阐述，强调严格执纪"是严密并巩固党的组织，提高党在群众中威信的方法"，能够"防止一切腐化官僚化贪污等现象的产生"，但在执纪过程中要避免出现两种倾向：一种是假借说服或因为感情关系而放松纪律执行，以致纪律废弛；另一种是完全无视说服精神，"采用机械的或过分的施行纪律的惩办制度"。这为合理执纪、规范执纪提供了科学指导。

这一时期党对执纪实践中的经验教训进行总结，主张反对惩办主义和极端民主化两种倾向，在纠正纪律执行中的失误和偏差方面积累了不少经验。

黄冰琼

# 党内巡视制度的建立和完善

　　中国共产党自成立伊始，就十分重视对地方的巡行指导，党的二大党章规定，"中央执行委员会得随时派员到各处召集各种形式的临时会议，此项会议应以中央特派员为主席。"随着党组织不断壮大，为加强对地方工作的指导，1925 年通过的《组织问题议决案》提出"应当增加中央特派巡行的指导员"。大革命失败后，形势险恶，为加强党的组织工作，1927 年 11 月，中央通过《最近组织问题的重要任务议决案》，首次提出"应当开始建立各级党部的巡视指导制度"。据此精神，1928 年 10 月，中央发出第五号通告《巡视条例》，初步尝试建立巡视制度。经过三年探索，1931 年 5 月通过《中央巡视条例》，要求各地参照建立相应巡视制度。《中央巡视条例》的颁布与实行，标志着党内巡视制度正式建立。

　　《中央巡视条例》规定："巡视员是中央对各地党部考查和指导工作的全权代表。"因此，中央巡视员必须具备相应条件，特别要求过去曾在地方党部做过负责工作。巡视员必须做巡视日记，至少两周向中央报告一次。因工作不力，致遭损失的，须向中央负政治责任。

　　《中央巡视条例》要求消灭官僚式的巡视制度，巡视前需与中央讨论确定巡视的中心任务，摒弃走马看花，只凭审阅文件的工作方式，尽量扩大谈话范围，加强实地调研，充分掌握地方党部的情况和搜集政治经济材料向中央汇报。

　　《中央巡视条例》对中央巡视员提出六大任务，要求监督地方贯彻中央决议的情况，及时纠正出现的偏差，不仅必须检查各地现有的干部，而且必须执行教育和提拔工农干部的任务，用种种方法来发现新干部，详细汇报各地方党组织的工作，使中央能够随时真正了解各地党的工作。当时革命形势复杂，各地党部常有突发事件，《中央巡视条例》规定巡视中遇有当地发生的新事变，必须迅速予以解决和布置。

　　巡视制度的逐步建立和完善，对传达落实中央指示、恢复发展地方党组织、指导解决党内纷争、密切联系群众发挥了重要作用。巡视工作也得到群众认可，苏区歌谣唱道："干部常来我们乡，巡视我乡谈家常，油盐柴米样样问，温暖送到心窝上。"

文世芳

# 民主评议党员制度的建立

民主评议党员制度来源于基层党组织的创造。早在 1984 年，当时的上海铁合金厂党委就在厂里定期评议党员，也组织群众民主评议党员，除名屡经教育不改的党员，增强党组织战斗力，突出党员的先锋模范作用。

1987 年 10 月后，河北满城县、辽宁锦州市、河南辉县市、山东泰安市等地先后通过民主评议党员活动，处理不合格党员。

1988 年 7 月，中组部负责人到辽宁调研党建情况，发现锦州市实施民主评议党员、妥善处置不合格党员的做法值得推广，便及时向党中央作了汇报。

同年 10 月 18 日至 11 月 9 日，中组部负责人在山东、浙江和上海调研换届工作和党建情况后又指出："民主评议党员，是加强基层党员教育、管理和监督的一种行之有效的形式，也是新时期加强基层党组织建设和增强党员互助、互勉、督促进步的一种好形式，似可推广，逐步形成制度。"

1988 年 11 月 18 日，中组部制定《关于建立民主评议党员制度的意见》，12 月 15 日，党中央予以同意转发并指出："建立民主评议党员制度，是从严治党，提高党员素质的一项重要措施，是通过制度建设加强对党员进行经常性教育、管理和监督的有效方法"。按照中央通知精神，各地在试点基础上逐步推行。

民主评议党员制度实施以来，已成为党内一项经常性制度。

刘学礼

# 遵义会议是民主集中制的典范

　　1934 年 10 月，由于"左"倾教条主义者的错误领导，红军第五次反"围剿"失败，中共中央率领红一方面军开始长征。经过长征前期通道会议、黎平会议、猴场会议的准备，遵义会议成为历史发展的必然。遵义会议最大限度体现了民主集中制原则，成为党史上民主集中制的典范。

　　会上，"左"倾教条主义代表人物、中央主要负责人博古把第五次反"围剿"失败归于帝国主义和国民党力量的强大，白区地下党和各个革命根据地配合不够等，不承认主要是因他和李德在军事指挥上犯了严重错误造成的。

　　周恩来在军事问题的报告中，既指出第五次反"围剿"失败的主要原因是军事领导上战略战术的错误，也主动承担责任，作了诚恳的自我批评，同时批评了博古和李德。这种在中央政治生活中开展批评和自我批评，是民主集中制的具体体现。

　　与会同志根据党内监督制度，对博古进行了严厉批判。张闻天按照与毛泽东、王稼祥共同商量的提纲，系统批判博古、李德在军事指挥上的错误。毛泽东的长篇发言，重点批判博古、李德的错误军事路线，阐述中国革命战争的战略战术问题，提出在军事上扭转危局的方针。

在原则问题上进行思想斗争，坚持真理，是遵义会议的亮点之一。王稼祥明确批评博古、李德的错误，坚决支持毛泽东正确意见，第一个提出由毛泽东领导党和红军。周恩来、朱德、刘少奇等多数同志在发言中，均不同意博古的总结报告，同意毛泽东、张闻天、王稼祥提出的提纲和意见。只有凯丰为博古、李德的错误辩解。而李德则拒绝接受批评。

遵义会议在充分发扬民主的基础上，作出一系列具有历史意义的决定，实现了中国革命的历史性转折。

薛庆超

# 群众称赞"从来没有见过这样好的军队"

"三大纪律八项注意"长期教育熏陶下的人民军队，对敌斗争英勇坚决，无往而不胜，对群众则始终展现出作为人民子弟兵的立场本色、精神风范和严明纪律，在不同历史时期都涌现出许许多多感人至深的人物与事迹。

早在红军时期，古田会议就提出要严格遵守"三大纪律八项注意"，树立人民军队纪律严明的威武之师形象。革命初期，靠着坚定的理想和铁的纪律，红军和人民群众形成了血肉相连的鱼水之情，坚持了下来，不断发展壮大。

在艰苦卓绝的二万五千里长征途中，由于有了正确的政治方向、坚持不懈的纪律教育检查以及"三大纪律八项注意"等切实可行的纪律原则，红军在长征途中显现出革命军队的优良作风和杰出风范，纪律极为严明。广大红军指战员斗争环境恶劣，生活艰苦异常，时常忍饥挨饿，但他们始终对群众秋毫无犯，严格执行"三大纪律八项注意"。群众称赞"从来没有见过这样好的军队"。

1935年2月，红军长征途经四川古蔺县境时，朱德向毛泽东讲起两件红军遵守纪律的事例，一个是红军路过该地桔林时秋毫无犯，另一个是红军战士挖了群众萝卜后塞进铜元为酬金。毛泽东听后很高兴，他说："宋史言，岳飞军'饿死不掳掠，冻死不拆屋'。我们朱毛红军在井冈山是这样，到了总司令的四川家乡也是这样。"毛泽东看得非常清楚，这样的军队才是真正有希望的军队。对这一点，人民群众看得也非常清楚。

当时有不少穷苦的少数民族青年积极参加红军，一个直接的原因，就是他们亲眼目睹了红军和旧军队纪律的截然不同，并且由此认定红军是穷苦人自己的队伍。世袭羌族土司安登榜的故事就是这样的。当时红四方面军在西渡嘉陵江后，执行了"各民族一律平等"的民族政策。而当安登榜在遭到国民党追捕走投无路时，恰遇刚刚进入羌族地区的红军。安登榜看见红军纪律严明，尊重少数民族，提倡"回番汉各民族平等"，和国民党"汉官"完全不同，便率领随从毅然参加红军，并利用他的身份和影响在羌族地区为红军做了大量工作。后来，红军战士安登榜在长征途中英勇捐躯。

这样的故事在长征时还有很多。

吕　臻

# "四个服从"是维护党中央权威和集中统一领导的根本纪律要求

　　建党之初，无政府主义作为一种激进的社会革命思潮，曾对许多党员产生过重要影响。为了克服这种错误思想对一个真正的马克思主义政党的侵染，1922 年 7 月，党的二大讨论通过了《关于共产党的组织章程决议案》和党的历史上第一部党章，首次明确提出我们的党是一个严密的、集权的、有纪律的、革命的组织，全体党员必须完全服从党的全国代表大会和中央执行委员会的一切决议，党的下级机关必须不打折扣地执行上级机关的一切命令。

　　鉴于张国焘在红军长征途中分裂党和军队造成的重大损失和王明在全民族抗战初期闹独立性、搞右倾投降主义带来的严重后果，毛泽东在 1938 年秋召开的党的扩大的六届六中全会上，向全党系统阐述个人服从组织、少数服从多数、下级服从上级、全党服从中央的政治纪律和政治规矩，而且特别强调，"谁破坏了这些纪律，谁就破坏了党的统一"。在这次被毛泽东称为"决定中国之命运的"会议上，我们党讨论制定了《关于中央委员会工作规则与纪律的决定》和《关于各级党部工作规则与纪律的决定》两部重要的党内法规，明确指出"四个服从"是践行民主集中制这一党的根本组织制度和领导制度的基本原则，各级党组织和全体党员必须无条件地执行。

在"四个服从"中，全党服从中央是最紧要的，是党和人民的最高利益所在。新中国成立后，为了揭露和批判高岗、饶漱石的反党分裂活动，加强对社会主义革命和建设事业的坚强领导，党的七届四中全会通过了《关于增强党的团结的决议》，特别强调，"党的团结的唯一中心是党的中央"，"必须把任何地区、任何部门的党的组织及其工作看做是在中央统一领导下的整个党及其工作的不可分割的一部分"。

进入改革开放新时期，面对复杂的国际国内形势和艰巨的经济建设任务，邓小平也非常强调这一点，明确指出："中央决定了的东西，党的组织决定了的东西，在没有改变以前，必须服从，必须按照党的决定发表意见，不允许对党中央的路线、方针、政策任意散布不信任、不满和反对的意见。"

"四个服从"尤其是全党服从中央，是我们党在长期革命斗争中形成的优良传统，也是对我们党内政治生活准则的高度概括，为确保党的团结统一和行动有力发挥了重要作用。

方闻昊

# 抗战时期完善党的宣传纪律

全民族抗战时期，为适应抗战形势的变化和党的工作需要，维护党的对外形象、保证党的团结统一，党对宣传纪律等作了调整和完善，为巩固党的组织和取得抗战胜利提供了有力保障。

1938年11月，党的扩大的六届六中全会在《关于中央委员会工作规则与纪律的决定》和《关于各级党部工作规则与纪律的决定》中明确规定，"各中央委员如果没有中央委员会、中央政治局及中央书记处的委托，不得以中央名义向党内党外发表言论与文件"；"各级党委的重要文件、决议，须经多数委员或常委之同意，才能发表。各级党委负责人的重要文章及谈话，在可能时须经其他委员同意后发表"。

1941年5月，党中央又颁布统一各根据地对外宣传的指示，要求"一切对外宣传均应服从党的政策与中央决定"；凡涉及全国性意义的重要政治事件，任何领导人"在中央未指示前，不得公开发言，以保障全党意见与步调的一致"；"一切对外宣传工作的领导，应统一于宣传部"等。

1945年6月，党的七大党章将宣传纪律作为重要内容规定下来，要求"凡关于全国性质的问题，在中央没有发布意见和决定以前，各部分和各地方党的组织及党的负责人"，"均不得自由发布意见和决定"。这些严格的纪律规定，体现了党对宣传工作监督与管理的加强，有助于维护党的团结与稳定。

黄冰琼

# 为什么开除刘力功的党籍

全民族抗战时期，时任中央组织部部长的陈云对党员必须严格遵守党的纪律作了富有成效的探索。

1938 年 9 月，陈云在延安抗日军政大学的讲演《论干部政策》中指出："一个革命的队伍必须有铁的纪律，来保障完成革命的任务。中国共产党和八路军如果没有铁的纪律，也就不会存在，不可能发展到现在这样。革命的纪律一定要遵守，希望同志们不要违犯革命的纪律"。

1939 年发生了开除刘力功党籍的事件。刘力功，1938 年加入共产党，抗大毕业后进入党的训练班学习。毕业时，党组织根据他的学习表现，考虑到他是没有工作经验的新党员，决定让他到华北基层去锻炼。但刘力功坚持要进马列学院或回原籍工作。为了教育他，党组织与他先后进行了七次谈话。最后，党组织给他时间反省错误，但几天后，刘力功声明愿意去华北，条件是一定要到八路军总司令部工作，党组织不同意，他就干脆拒绝执行党的决定。中央党务委员会认为，党组织已尽最大努力说服教育，但他仍不服从安排，违反了党的纪律，又不接受党的教育，改正自己的错误，因此，决定开除其党籍，并公布于全党。针对这件事，5 月 23 日陈云写了《为什么要开除刘力功的党籍》一文，剖析了这一事例，强调了严格遵守党的纪律的极端重要性，指出党内不准有不遵守党的纪律的"特殊人物""特殊组织"，"今天处在抗日战争的时代，共产党员遵守党的纪律是胜利的必要条件"，要求全体党员要自觉遵守党的纪律。

1939 年，陈云在《怎样做一个共产党员》一文中，又将"遵守党的纪律，严守党的秘密"作为共产党员的六条标准之一，强调坚决地自觉地遵守党的纪律是共产党员的义务。1940 年，陈云在延安抗日军政大学第五期学生毕业大会上作的《严格遵守党的纪律》讲话中，全面论述了党员严格遵守党的纪律的问题，认为中国共产党要特别强调纪律，全党严守党纪是革命胜利的一个重要条件，要用纪律保障党的意志和行动的统一；党的纪律是统一的，必须无条件遵守；无产阶级政党应该是一个最有纪律的党，也是一个最讲民主、最讲自由的党；中国共产党经过近 20 年的斗争，已经是一个成熟了的党，广大党员对党忠诚，有高度觉悟，因此，铁的纪律能被有效地执行。

陈云关于党员必须严守党的纪律的重要论述，对加强党的建设具有重要而深远的指导意义。

刘学礼

# 请示报告制度是解放战争取得胜利的重要保证

重视请示报告是党的政治纪律和组织纪律的一贯要求。在革命战争年代，正是因为全党全军忠实执行请示报告制度，讲政治、讲规矩、守纪律，对核心坚决维护、自觉追随，千军万马行动如一人，才能凝聚起磅礴力量，夺取革命的最终胜利。回望党史军史，这一政治优势在解放战争特别是三大战役中表现得尤为突出。

1948年9月，中央召开政治局扩大会议，准备与国民党军进行战略决战。决战前，为了解全局，毛泽东要求各中央局、各野战军前委坚持定期向中央作综合报告。华北局、中原局、西北局均及时向中央和毛泽东报告执行中央指示的准备工作情况。但是，东北局却在接到中央指示后，六个月没有按规定向中央作综合性报告。这使中央和毛泽东对东北地区的情况缺少了解，难以给出具体指示。

为此，毛泽东亲自起草一封给林彪和东北局的电报，对林彪和东北局进行严厉批评。林彪匆忙向中央送来综合报告并作检讨后，毛泽东复电林彪，指出："此种综合报告和各个具体问题的个别报告不但不相冲突，而且必须有此种报告、并要有多次此种报告之后，才能使我们看得出一个大战略区的全貌。"他还指出："你们这次检讨是有益的。"否则，"就不可能克服完全不适用于现在大规模战争的某些严重地存在着的经验主义、游击主义、无纪律状态和无政府状态……这一问题的性质是如此重要。即只有解决这一问题，才能由小规模的地方性的游击战争，过渡到大规模的全国性的正规战争，由局部胜利过渡到全国胜利。这是许多环节在目前时期的一个中心环节，这一个环节解决了，其他环节就可以顺利解决。"

大决战前夜，毛泽东领导实现了全党全军在政治指导和军事指挥上的完全统一，从而从容领导指挥了辽沈、淮海、平津三大战役。针对辽沈战役的重大问题，在了解东北情况的基础上，他代表中央军委连续给东北局和东北野战军发出 15 封电报，纠正了林彪的一再犹豫不决，正确地指导了辽沈战役。

三大战役期间，中央直接联络参加三大战役的兵团、纵队和总台 20 多个；电报量从每月 90 万字增至每月 140 万字；特急电报比从 35% 增全 75%，即刻译发的"4A"特急报急剧增加。毛泽东亲自审阅各野战军电报达千余份，亲自起草有关战略方针和重要决策的电报 300 余份。为了决战的胜利，他经常不顾疲劳、彻夜不眠地工作。对此，周恩来曾感慨道：毛主席在世界上最小的司令部里，指挥了最大的人民解放战争！

三大战役的历史表明，全党全军贯彻请示报告制度，保障党的集中统一领导和全军的统一指挥，是革命胜利的根本条件和党的最基本原则。这一历史启示，在今天仍有重要意义。只有严格执行请示报告制度，维护党的集中统一领导，做到"全国上下一盘棋"，才能真正加强党的纪律建设，稳步推进党的建设新的伟大工程。

徐　嘉

# 再温"不吃一个苹果"的故事

"锦州那个地方出苹果,辽西战役的时候,正是秋天,老百姓家里很多苹果,我们战士一个都不去拿。我看了那个消息很感动。在这个问题上,战士们自觉地认为:不吃是很高尚的,而吃了是很卑鄙的,因为这是人民的苹果。我们的纪律就建筑在这个自觉性上边。这是我们党的领导和教育的结果。"在 1956 年 11 月 15 日的党的八届二中全会上,毛泽东讲到艰苦奋斗是共产党人的政治本色,举了这个例子。

后来,他又多次提到"不吃一个苹果"的故事。1967 年 11 月 5 日,在谈到自觉的纪律时,毛泽东说,"人民解放军的纪律最好。打开锦州的时候,那么多苹果一个没动,这种纪律就是建立在自觉为革命的基础之上的"。1971 年 8 月 28 日晚,毛泽东在长沙同地方负责同志谈话,当听说一位同志打过锦州时,他想起这个动人的故事,兴奋地说:"我听说打锦州的时候,部队住在苹果园里面,不摘苹果吃。我就说,我们的部队有希望。"

1948 年秋,辽沈战役拉开序幕后,夺取整个战役主动权的关键在于迅速攻克锦州,形成"关门打狗、瓮中捉鳖"之势。随着战役的展开,"不吃一个苹果"的故事也在各个部队不断地发生着。

三纵八师二十二团三营九连副指导员张荣相回忆，连队一夜行军近百里，从义县战场急赴锦州外围参加锦州攻坚战，天亮时到达城北郊一个苹果园。此时接到上级"停止前进，就地隐蔽"的命令。为防止敌机轰炸，连队全部进入果园隐蔽。由于接连几天挖掘工事和激烈的苦战，又经过一夜急行军，真是人困马乏，渴得嗓子直冒烟。有一名在冬季攻势中被"解放"过来的战士，头一次见到又大又红的苹果，习惯性地把手向树上伸去，但突然间手又缩了回来，原来他旁边的同志们都在用异样的眼光看着他。他红着脸，不好意思地说："我还以为是在那边（指国民党军队）呢，差点忘了纪律……"

四纵十师二十九团三营机枪连六十炮排八班战士于明成回忆："辽沈战役时，我们团在义县接到命令南下兴城，部队马上急行军，当时部队没有吃的，战士们饿得很，路边地里的青苞米到处都是，但战士们谁也不动一个。9月24日，我们营到达了兴城东北的韩家沟，准备攻打火车站，那个地方产苹果，正值秋天，老百姓家家都把苹果堆在炕上。我们借住在老乡家，炕上这边是苹果，我们就睡在那边，有的战士紧挨着苹果睡，伸手就能摸到苹果。但是，不管怎么饿、苹果的香味多么诱人，我们谁也不去动，反而花钱买大萝卜吃。"

与于明成同时参加过韩家沟战斗，同属六十炮排的九班副班长刘家生也回忆了这段历史："在韩家沟战斗开始前，二十九团政委刘凌就给我们开会，要大家按照'三大纪律八项注意'和《入城纪律守则》去做，不允许动老百姓的东西。当时韩家沟到处都是苹果园，树上、地上苹果随处可见，我就在一个苹果园修工事，干累了躺在苹果树下休息都能咬到树上的苹果，可那个时候真的没有一个人去吃苹果，大家很自然地感觉不管是苹果还是别的东西，只要是老百姓的就不能动。韩家沟战斗打了大半天,我们连伤亡 80 多人,也没看见或听说谁吃了老百姓的苹果。"

时任九纵政委的李中权回忆道:"当时正是秋天,我们进驻锦州城南,这里的苹果园很大,苹果熟了,我们的战士拿着苹果说'首长吃吧!'我问他'哪来的',他说'从地上捡的'。'不许吃!交给老百姓。把树下的苹果收拾好,树上的苹果更不能动,这是纪律问题。'"

国民党军队和共产党军队形成了鲜明对比。原锦州果树农场东方红大队书记王增祥对国民党军队的恶行记忆深刻:"1948 年秋天攻打锦州前,国民党军为在南山修碉堡,将满山的杨柳榆槐、7000 多棵苹果树砍光,将 13 户人家的猪、鸡、粮抢光。他们抢郑义家的粮食,老郑反抗,他们就毒打,老郑一股火死了。"就在山里的群众走投无路的时候,人民解放军从松山打过来。老百姓那欢呼的场景,王增祥记忆犹新:"处于水深火热之中的老百姓兴高采烈、夹道欢迎子弟兵,大家拿出家里藏着的苹果请解放军战士吃,'同志,吃一个吧,解解渴!'往战士的手里塞苹果,可战士们说什么也不收不吃。只是连声说'谢谢,谢谢!我们有任务!'然后就向锦州方向进发。"这支部队,正是东北人民解放军的第七、第九纵队。

苹果虽小,却事关党的形象和军队形象,事关人心向背。"不吃一个苹果"的故事,谱写了一曲军爱民、民拥军、军民鱼水情深的颂歌,树立了人民军队仁义之师、秋毫无犯的光辉形象。经过毛泽东高瞻远瞩的点拨和升华,这个故事成为当时全党全军的重要教材,成为我们党要廉洁从政和领导干部要廉洁自律的重要警示。

刘志辉

# 狠抓军队入城纪律关键环节

全国解放战争后期，随着胜利越来越迫近，进城及接管问题突出地摆在了中国共产党人面前。过好城市接管关，首先就必须维护好军队纪律，入城纪律又是重中之重。陈毅就说："必须强调入城纪律，入城纪律是入城政策的开始，是和市民的见面礼。纪律搞得好，政策就可以搞得好，搞不好就会影响政策的推行。"当时东北局在报告里也特别总结说："城市秩序的好坏，首先决定于入城部队，特别是部队干部是否能严格遵守纪律。军队本身纪律不好，即造成了各种人趁火打劫、浑水摸鱼的条件，形成混乱与大的破坏。"

当时部队违反纪律的情况也容易发生在入城初始。例如1948年初毛泽东批转的习仲勋关于高家堡破坏纪律行为的报告，其中说的就是部队在攻克高家堡时"没收敌军大部官佐以至连排班长及其家属的财物"的行为。再如部队三打运城时纪律不好的情况："这两日混乱异常，城市纪律极坏"，抢运资材，"群众的东西也被拿了"，"剃头铺的推子刀子，学校的钢琴"都被拿去了，城内几十辆破汽车被卸掉"汽车零件及皮带"，"交给地方上，已根本不能用了"。再如罗荣桓1948年3月4日在报告里提到的，冬季作战时"辽中台安、盘山一扫而光，鞍山也受到破坏"。这些问题集中发生在部队入城初始，引起毛泽东和中央的高度重视。

为了解决这个问题，中央作出一系列指示安排。1948年3月12日，军委电示华野所部"必须严令各部队在攻入城垣后，遵守城市纪律，坚守城市政策"，提出要"由野战政治部负责组织城市工作委员会及纪律检查队，随队入城，并吸收攻城部队之司令部政治部人员参加，以收工作协调、命令贯彻之效"。20日，中央和军委致电要求各野战兵团总结实施城市政策的经验，包括"攻城前的政治动员、政策讨论、组织准备、命令下达"，"入城后的临时政权组织，军队纪律"。25日，徐向前向中央报告了攻克临汾时的纪律措施：作战之前着重进行城市政策、纪律教育；部队在作战结束后，马上撤出城外，一切物资管理与治安维持统由城工委员会及城防司令部负责；各团组织纠察队和检查队，负责战时纪律的维持；发动战士由下而上监督干部。这份报告随即被中央批转，其中的经验被各地所吸收。

4月26日，军委特别指示攻城缴获物资分配问题，提出历次攻城经验，要使攻城部队保持纪律及秩序，除有充分的教育工作及周密的组织工作外，还必须将缴获物资分出必要部分，有计划地分配给全体担任攻城的部队及担任钳制的部队，一切指挥员战斗员每人一份，不使肥瘦不均。

6月4日，军委批转东北野战军入城纪律守则八条，要求各地参考采用。1949年5月6日，军委下发了关于城市驻军不许住民房的规定。5月16日，又下发了入城部队十二条纪律规定，强调遵守"三大纪律八项注意"、约法八章与入城守则，严格保护一切原封不动，力戒不守纪律、乱抓物资等不良现象。这些经验做法及规定为部队遵守入城纪律提供了遵循。

吕 臻

# 迎接大考：1949年解放军进驻上海

1949年进驻上海是对军队纪律建设成效的一次大考。旧上海曾是远东的第一大城市，中国的经济文化中心，又是半殖民地半封建社会各种矛盾的汇集点，情况异常复杂，接收任务相当艰巨。为了顺利进驻上海特别是抓好部队纪律，从中央到地方都作了巨大努力。

毛泽东首先就为进驻上海奠定了工作基调，指出："进上海是中国革命过一难关，它带全党全世界性质。"同时为避免因仓促进驻而陷于被动，他下令推迟了部队进攻上海的时间，并指示有关方面抓紧做好进驻上海各项准备工作。

华东方面，首先是4月25日经中央批准华东局下发了关于接管江南城市指示，规定了十条入城守则（后补充为十二条），强调"城市秩序的好坏，首先决定于入城部队的纪律好坏"，一切部队从军、政、后勤干部直到战士，"在入城前，必须普遍地、反复地、深入地进行党的城市政策的教育，及入城纪律的教育与接管城市的经验教育"。同时，为了准备进驻上海，渡江战役总前委和华东局还在苏南丹阳集中数千名干部开展为期一个月的整训，重要内容就是纪律教育。5月10日，陈毅在丹阳对整训干部发表讲话，"主要讲入城纪律"，说："上海很复杂，我们到了上海要越小心越好"。

"必须强调入城纪律，入城纪律是入城政策的开始，是和市民的见面礼"，"全体干部对入城纪律，在丹阳就要演习讨论起来"。同日，华东局和渡江战役总前委向中央报告了进占上海的准备工作及各项规定，其中包括对部队入城纪律的细致安排。

5月下旬，第三野战军主力打进上海后，模范执行党的城市政策，严格遵守入城纪律。为了不惊扰市民，在蒙蒙细雨中，部队和衣抱枪，悄然无声地睡在潮湿的路边。早上市民醒来，开门看到这一感人的场景，油然而生的便是对我们党和人民军队的由衷赞佩。人民解放军用严明的纪律令无数上海市民为之动容，深深震撼着这座旧中国最大的城市。时居上海的竺可桢在日记里写道，"五月廿六日星期四。下午三点起微雨，子夜大雨。上海全部解放。……解放军在路站岗，秩序极佳，绝不见欺侮老百姓之事。在研究院门前亦有岗位，院中同人予以食物均不受。守门之站岗者倦则卧地，亦绝不扰人，纪律之佳诚难得也"。近半个世纪后荣毅仁仍然难以忘记这件事带给他的冲击："解放上海的炮声初停，无数解放军战士日日夜夜风餐露宿、不入民宅的情景，深深打动了我的心。"

有了长期深入的纪律教育和细致扎实的准备工作，人们在上海看到了一个威武雄壮、纪律严明和朝气蓬勃的中国人民解放军形象，整个上海乃至整个世界为之一振，旧中国的重重阴霾顿时一扫而空。靠着严明的军队纪律，我们党在上海同时取得了军事和政治两个重大的胜利。解放军在进驻上海的历史大考中交出了让党和人民满意的答卷。其实不光是1949年进驻上海，后来解放军入藏、志愿军入朝等也都是靠着严明的军队纪律赢得了人心，取得了当地人民群众的拥护。

吕 臻

# "进京赶考"前定下的规矩

1948 年末 1949 年初，中国革命形势正处在发生重大变化的转折关头，革命形势一片大好，随着解放战争的胜利发展，建立新中国的任务被提上历史日程。

1949 年 3 月，党的七届二中全会讨论了党的工作重心由乡村转移到城市的问题。毛泽东作出重要判断："从现在起，开始了由城市到乡村并由城市领导乡村的时期。""党和军队的工作重心必须放在城市，必须用极大的努力去学会管理城市和建设城市。"此时党内普遍沉浸在胜利的喜悦之中，但出现因胜利而轻敌、执行党的政策有偏差、干部居功自傲、骄傲自满等一些不好的苗头性倾向性思想，有必要通过思想上的教育和行动上的统一，来纯洁干部队伍、肃清不良倾向、校正前进方向。

毛泽东郑重告诫："夺取全国胜利，这只是万里长征走完了第一步……中国的革命是伟大的，但革命以后的路更长，工作更伟大、更艰苦。"为此，他提出了"两个务必"的思想，即"务必使同志们继续地保持谦虚、谨慎、不骄、不躁的作风，务必使同志们继续地保持艰苦奋斗的作风"。这里面，包含着对中国几千年历史治乱规律的深刻借鉴，包含着对中国共产党艰苦卓绝奋斗历程的深刻总结，包含着对胜利了的政党永葆先进性和纯洁性、对即将诞生的人民政权实现长治久安的深刻忧思，包含着对中国共产党坚持全心全意为人民服务根本宗旨的深刻认识。为了防止对个人的歌功颂德，全会还根据毛泽东的提议，定下了"六条规定"：一、不做寿；二、不送礼；三、少敬酒；四、少拍掌；五、不以人名作地名；六、不要把中国同志和马恩列斯平列。在胜利面前，毛泽东保持着清醒的头脑。他告诫全党，必须警惕"糖衣炮弹"的攻击，不要在这种攻击面前打败仗。

党的七届二中全会召开不久，1949 年 3 月 23 日，毛泽东率领中央机关离开西柏坡向北平进发。临行前，毛泽东对周恩来说，今天是进京的日子，进京"赶考"去。周恩来说，我们应当都能考及格，不要退回来。毛泽东说：退回去就失败了。我们决不当李自成，我们都希望考个好成绩。党中央在历史转折关头提出"两个务必"，显现出强烈的忧患意识和使命意识，具有深远的理论价值和实践意义。

朱志伟

# "打老虎"始于"三反"运动

1951年12月底，全国开展"三反"运动。"打虎"运动是其中的一个重要阶段。

1952年1月19日召开的中央直属机关总党委扩大会议，首先宣布"三反"运动进入"打老虎"阶段，当时"老虎"指较大的贪污分子。1月23日，毛泽东批评了认为党的机关、宣传和文教机关、民众团体，用钱不多，必无大"老虎"的错误认识。1月25日，毛泽东又指出，"三反"运动的第三阶段是组织精干力量搜捉大贪污分子，捉大、小"老虎"（1000万元以上的为小"老虎"，1亿元以上的为大"老虎"。当时的1万元相当于现在的1元）。

随后，各地党委统一领导指挥"打虎"行动，研究"打虎"战术，掀起了轰轰烈烈的"打虎"运动。一些大贪污犯被严肃惩处。华北军区政治部一名副科长兼任电影院的经理后，两年多来贪污灯片费、包场费和盗卖公物所得共达1.2669亿多元（相当于现在1.2万多元）。1月21日，这名副科长被开除党籍、撤销职务，交军法处严惩。到2月5日，仅华东军区就捉到大"老虎"108只、小"老虎"649只，查出中小贪污分子9.7万多人。在"打虎"过程中，毛泽东要求严禁逼供信，严格检查核实，实事求是甄别，"打虎"

工作和业务工作并举。

为了有效惩治贪污分子，1952 年 4 月，《中华人民共和国惩治贪污条例》公布实施，《条例》明确规定了有关贪污问题的处理方针、办法、步骤及批准权限等，使有关的处理工作进入审判程序。

刘学礼

# 新中国反腐"第一案"

　　1951 年底，全国开展"三反"运动。"三反"运动成效显著，有力惩治了部分党员干部的违纪违法行为，尤其是从严查处新中国反腐"第一案"——刘青山、张子善贪污案，起到了极大震慑作用。

　　1951 年 11 月，中共中央华北局向中央报告了关于刘青山、张子善贪污案调查处理情况。毛泽东对此高度重视，并作出明确批示：这件事给中央、中央局、分局、省市区党委提出了警告，必须严重地注意干部被资产阶级腐蚀发生严重贪污行为这一事实，注意发现、揭露和惩处，并须当作一场大斗争来处理。

　　刘青山、张子善在任天津地委书记、天津行署专员期间，利用职权盗用公款，从事非法经营活动，生活腐化堕落，蜕变为大贪污犯。他们的罪行在中共河北省党的第三次代表会议中被揭发后，河北省人民政府便将他们逮捕，由有关机关组成了"刘青山、张子善案件"调查处理委员会，调查、侦讯刘青山、张子善的贪污犯罪事实，并获得了很多确凿证据。刘青山、张子善都是老党员，是经历过长期革命斗争的领导干部，曾面对敌人的严刑逼供，坚贞不屈地表现出共产党人的英雄气概，却在全国胜利后两年多的和平环境中堕落蜕化。有人提出，考虑到他们在战争年代出生入死，有过功劳，在干部中影响较大，是否可以向毛主席说说，不要枪毙，给他们一个改造的机会。毛泽东的态度十分鲜明：正因为他们两人的地位高，功劳大，影响大，所以才要下决心处决他们。只有处决他们，才可能挽救二十个，二百个，二千个，二万个犯有各种不同程度错误的干部。1952年2月，河北省举行对刘青山、张子善的公审大会，判处在革命战争中有过功劳但堕落成为大贪污犯的刘青山、张子善死刑，震动全国，引起强烈反响。

对刘青山、张子善这一案件的从严查处，正是我们党法纪严明、公正无私的鲜明体现。中国共产党人深知腐败之害，面对这个问题，我们党不仅有明确态度，更有实际行动，表现出巨大的决心与魄力。

成 靓

# 党内政治生活立规矩

习近平总书记强调，要加强纪律建设，把守纪律、讲规矩摆在更加重要的位置。十一届三中全会后，鉴于十年内乱严重践踏党的政治生活，"和尚打伞，无法无天"；大批党政军领导干部被任意打倒、投诉无门；广大党员受到压抑、难以向中央充分表达个人意见和要求等深刻教训，中央决定制定《关于党内政治生活的若干准则》，作为党内政治生活的规矩。

十一届五中全会一致通过的《关于党内政治生活的若干准则》（以下简称《准则》），要求全党坚持党的政治路线和思想路线，维护党的集中统一，严格遵守党的纪律；各级党委要坚持集体领导，反对个人专断；禁止给领导人祝寿、送礼、发致敬函电；对活着的人不许设纪念馆，对已故的领袖们不应多设纪念馆；禁止用党的领导人的名字作街名、地名、企业和学校的名字；等等。

中央强调，《准则》是党的重要法规，全体党员要认真学习，自觉遵守，要对照《准则》规定，认真检查自己的工作和作风。党的各级领导机关和领导干部要带头执行《准则》。任何党员如果有违反《准则》的行为，要进行批评教育，情节严重的必须按照党的纪律给予处分，直至开除党籍。

　　实践证明，讲规矩是对党员、干部党性的重要考验，是对党员、干部对党忠诚度的重要检验。守规矩，必须维护中央权威，在思想上、政治上、行动上同中央保持高度一致；必须维护党的团结，坚持五湖四海，团结一切忠实于党的同志；必须遵循组织程序，重大问题该请示的请示，该汇报的汇报，不允许超越权限办事；必须服从组织决定，决不允许搞非组织活动，不得违背组织决定；必须管好亲属和身边工作人员，不得默许他们利用特殊身份谋取非法利益。

薛庆超

# 加强纪律性　革命无不胜

　　1948 年 12 月 20 日，《中国青年》再次复刊，发表毛泽东为《中国青年》的题词："军队向前进，生产长一寸，加强纪律性，革命无不胜。"毛泽东的题词，突出强调了加强纪律的极端重要性。

　　1948 年，解放战争形势向有利于人民解放军的方向迅速发展。过去处于被敌人分割的战争环境下，为充分发挥各地党组织的能动性，党中央曾允许各地保有一定的自主权，但随之产生了某些无纪律、无政府状态和地方主义、游击主义等倾向。这些错误倾向成为中国革命继续前进发展的严重障碍。加强党的集中统一领导，做到在思想上、政治上、组织上的高度一致，成为摆在全党面前重要而迫切的任务。

　　1948 年以后，党中央连续发出指示，要求在全党各级组织中建立请示报告制度。1 月 7 日，毛泽东为中央起草了《关于建立报告制度》的党内指示，要求各中央局和中央分局，由书记负责，每两个月，向中央和中央主席作一次综合报告。指示特别强调报告要自己动手，不要由秘书代劳。4 月 10 日，中共中央发出由毛泽东起草的《将全国一切可能和必须统一的权力统一于中央》的指示。毛泽东在指示中列举了违反纪律的种种表现：地方主义的和经验主义的恶劣作风，事前不请示事后不报告的恶劣作风，多报功绩少报（甚至不报）错误缺点的恶劣作风，对于原则性问题粗枝大叶缺乏反复考虑慎重处置态度的恶劣作风等。对于这些恶劣作风，指示要求"一切受中央委托的领导机关的负责同志严肃地注意加以改变"，"立即明确地毫不含糊地予以指出并予以纠正"。"中央的一切政策必须无保留地执行，不能允许不得中央同意由任何下级机关自由修改。"

对当时请示报告制度落实不力的地方，中央毫不客气地进行了严厉批评。如：毛泽东以中共中央名义给东北局起草了长达 2000 字电报，批评对落实中央请示报告制度的敷衍态度。电报说："像大别山那样严重的环境，邓小平同志尚且按照规定向中央主席做了综合性报告"，"你们的环境比大别山好得多，何以你们反不能做此项报告？"电报明确指出其症结，就是"在你们的心中存在着一种无纪律思想"。

中央有权威，才能把全党全军全国各族人民牢固凝聚起来，汇聚成为万众一心、无坚不摧的磅礴力量。党中央这一时期强调纪律性，有着当时的环境和特点，但对我们当前进一步加强党的纪律建设具有重要意义。

李树泉

# 后 记

　　为深入学习贯彻习近平新时代中国特色社会主义思想，贯彻落实党的二十大和二十届二中全会精神，服务全党开展党纪学习教育，充分发挥党史以史鉴今、资政育人作用，中央党史和文献研究院组织编写了《加强纪律性　革命无不胜——党纪学习教育中的人与事》一书。

　　中央党史和文献研究院院务会高度重视本书的编写工作。曲青山院长指导编写工作，并审定书稿。王全春副院长主持编写工作，并审阅书稿。参加本书编写工作的人员有刘荣刚、毛胜、王林育、张东明、朱志伟、刘颖、成靓。

　　因编写时间紧迫，本书难免有不周不当之处，欢迎提出宝贵意见。

编　者

2024 年 4 月